歴史文化ライブラリー
282

大名行列を解剖する

江戸の人材派遣

根岸茂夫

吉川弘文館

目　次

浮世絵に描かれた大名行列―プロローグ……1
『大和耕作絵抄』／描かれた奴／乗物と駕籠脇／騎馬の家来と「渡り者」

大名行列はなぜ長い　武家の行列の構造

紀州家の江戸城出仕の行列……10
家来たちの階層／行列の先頭／藩主の乗物／供家老と陪臣／長い行列と渡り者

近世の軍隊と家臣団の構造……23
行列は軍隊の行進／戦闘の形態が行列をつくる／供連の基本は軍役／供連と家臣団の規模／備の形成が家臣団の拡大

武家の階層と俸禄の種類……34
四つの階層／四種類の俸禄／上級家臣と下級家臣／旗本と御家人

武家は奉公人に支えられた　近世前期の幕臣と一季居奉公人

憤慨する大久保彦左衛門……46
軍役としての奉公人召抱え／幕臣たちの反発と困窮／大久保家の分解と幕臣層の創出／寛永の地方直し

近世前期の渡り者たち……56
かぶき者／牢人たちの奉公先／忍藩家老平田弾右衛門の若党

近世前期の行列と奴……63
元禄期の統制／奴の模範／江戸城の下馬先／たばこ・酒・煮売

主人に手向かう渡り者……73
奉公人の不足と質の低下／渡り者の主殺し／元主人をつけ狙う

江戸にも人材派遣があった　人宿の展開と欠落する奉公人

人宿の展開……82
奉公人の斡旋／生類憐みの令に登場した人宿

欠落する奉公人……87
町のなかの奉公人／人宿組合の設置と廃止／相次ぐ奉公人欠落の訴訟

人宿組合の結成……96
解決できない奉公人の欠落／改革を提案する名主／ふたたび人宿組合を結成／荻生徂徠の奉公人批判と制度の矛盾
「がさつ」な奉公人の出現……107
享保期の浪人と帯刀人／武家を軽んじる奉公人／がさつ
行列を飾るがさつな供廻り　供廻りの放埒と大名格式の混乱
奉公人たちの横暴……114
市村座に陸尺が殴りこみ／首謀者は幕閣の雇い陸尺／無責任な武家・連帯する陸尺
渡り奉公人を雇う大名・幕臣……123
忍藩阿部家の渡り者／藩主の廻りが渡り者で占有／供廻りを盥回しした幕臣
華美になる行列と大名の格式……130
行列を飾り立てる大名・幕臣／大名の格式／乗物・虎皮の鞍覆・爪折傘／大名たちの対応
鎗を投げ上げる中間……147
禁止された鎗の投げ上げ／武威の象徴が弄ばれる／悲惨な奉公人の生活

がさつが止まらない　武家を無視した供廻りと役人の癒着
改革政治も無視する……156
武家の責任を指摘した寛政改革／赤鬼に暴行された白河藩の陸尺／道いっぱいに広がる行列／元の主人を襲撃する日雇い／日用取と日用座会所／したたかな人宿たち／乗物の主人を捨てる陸尺／渡り者も百姓には勝てない
弱気な人宿と実権を持つ部屋頭……172
部屋頭と素人の人宿／彫り物を入れた陸尺・中間／寄子を統制できない人宿／入込で別荘や妾を持つ豪勢な陸尺／陸尺などの賃銭と増し賃
したたかな渡り者と癒着する役人……183
天保改革の組合解散と「張訴」／人宿と役人の癒着／陸尺などの実態と部屋頭・役人の癒着／「妖怪」さえ躊躇した取締り
華美になり消えていく―エピローグ……195
ペリー来航と諸大名の出陣／行列の格式を競う諸大名／失職した奉公人と歩兵／平和と「武威」の矛盾
あとがき
参考文献

浮世絵に描かれた大名行列――プロローグ

1　浮世絵に描かれた大名行列

『大和耕作絵抄』

最近の書物には挿絵や図が多くなり、活字だけの黒い本は少なくなった。ただ挿絵をていねいに解読したり、本文の中で引用したりするような例はあまり多くはない。よけいな話から始まってしまったが、絵や図を解釈するのは、文章を読むよりもさらに多くの文献を調べなければならず、意外としんどい作業である。

それがどんなものか。まず、武家の行列を描いた図1をご覧いただきたい。この図をご覧になった方も多いと思うが、元禄期（一六八八～一七〇四）に版行された浮世絵師石河《いしかわ》流宣《とものぶ》『大和耕作絵抄《やまとこうさくえしょう》』の一場面である。若殿の乗物を中心とした三八名の行列であり、先頭に対先箱《ついのさきばこ》・対先鎗《ついのさきやり》・徒士《かち》が並び、乗物の脇に小性《こしょう》や傅役《もりやく》がおり、後から草履取《ぞうりとり》・傘

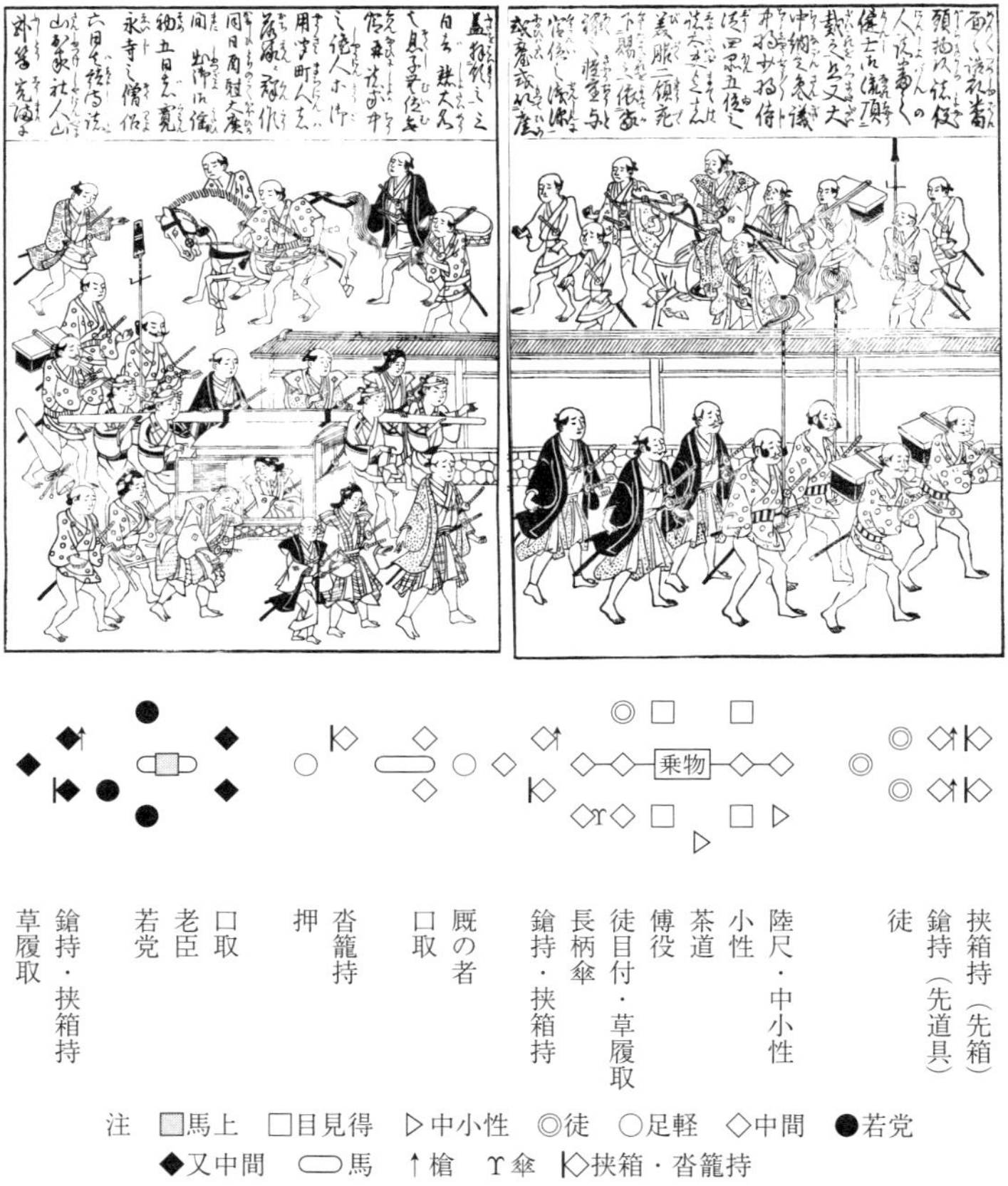

図1　『大和耕作絵抄』武家行列

持・鎗持・挟箱《はさみばこ》・牽馬《ひきうま》が続き、後から老臣が騎馬で供を揃えて従っている。実はこの後から、少なくとも合羽籠《かっぱかご》を担いだ数名の中間《ちゅうげん》と行列の最後を取り締まる押さえが続くはずだが、描かれていない。絵はすべてが描かれているとは限らず、全体的に下々の人々は省略される傾向にあることを注意する必要があり、この絵も随分省略されているはずだし、正確なものとしては見られない。

描かれた奴

絵をもう少し見てみよう。挟箱持・鎗持・傘持・草履取などの衣装は同じ模様で裸足《はだし》である。挟箱持・鎗持のみ髭《ひげ》があり、「奴《やっこ》」である。挟箱は衣類や必要な品を入れて運ぶものであるが、先頭に二つ並んだ挟箱は先箱（二つ並ぶと対箱・対挟箱）と呼ばれ、行列の主人の格式を誇示する手段でもあった。また挟箱に続く対鎗は毛鎗二本であり、乗物の先にあるので先鎗と呼ばれた。とくに徒士の先にある鎗は「引道具《ひきどうぐ》」と呼んだという。武家の行列では、鎗を「道具」といい武力の象徴として尊重され、先道具・後道具・一本道具などと称した。毛鎗は鎗の鞘に鳥の長い羽を多数植込んであり、歩くたびに羽が揺れる。鞘を抜くと当然抜き身になる。鎗持のみは二本差しであるが、彼らだけは侍身分ではなくとも両刀が許されていた。脱線するが、幕府でも諸大名でも鎗の者は多く侍身分ではなく、中間・小者《こもの》と同一身分であり、鎗の者は両刀ではあったが近世に「鎗足軽」は一般に存在しない。乗物の後にも鎗が一本あり、これは後道具と呼ばれた。先道具二本・後道具一本の三本道具を許された大名は、薩摩島津家・仙台伊達家・越前松平家の三家のみであり、越前家は後道具三本で、先道具二本・後道具一本の家は島津・伊達の二家のみである。ただ両家なら少なくとも乗物の前に打ち物すなわち長刀《なぎなた》があるはずであり、この絵に該当する大名家はいない。『大和耕作絵抄』では、この絵が正月の江戸城出仕の文脈のなかで載せられ、頭書には大名・諸役人・町人などの江戸城参賀の文章がある。そこからも、この絵が大名級の架空の武家を素材に描いたものといえるだろう。

とはいえ、この絵を見た元禄期の人々が、武家の行列の特徴を描いたものとして違和感なく眺めていたことも確かである。もう一度、図1を見てみよう。先鎗の後に黒羽織で袴《はかま》の股立ちを取った徒《かち》(徒士《かち》・歩行《かち》とも記す)が続き、一人は裸足だが一人は右足だけ足袋《たび》、一人は両足とも足袋を履いている。この服装のものは『大和耕作絵抄』の他の場面では裸足であり、実際に彼らが足袋を履いたのか、絵師や彫師の損じたものか否かはわからない。ただし、図1は大正五年(一九一六)に復刻された『日本風俗図絵』からの引用で、現在流通する諸本の挿絵も管見の限り同書を引用しているが、たばこと塩の博物館蔵『大和耕作絵抄』は、図版を見る限り片足だけ足袋の徒士が両足ともに足袋を履き、一人は裸足である。足袋を履ける徒士と履けない徒士がいて階層差があったのか、板木が欠けた結果なのか。まだ判断はつかない。

説明がつかない情けない話から始まってしまったが、行列図の検討によい参考書は少ない。とりあえず、江戸幕府の儀礼や行列の格式を明治になって解説した市岡正一『徳川盛《とくがわせい》世録《せいろく》』（平凡社『東洋文庫』）、同じく昭和に成立した小野清『徳川制度史料』があり、近世の史料では『柳営秘鑑《りゅうえいひかん》』（『内閣文庫所蔵史籍叢刊』四・五）、『青標紙《あおびょうし》』（『江戸叢書』一二）、未刊ではあるが『要筐弁志《ようきょうべんし》』『武家格例式《ぶけかくれいしき》』などがある。三田村鳶魚《みたむらえんぎょ》に師事して、在野で「柳営学」を提唱しながら実証的な研究を積み上げられた故小川恭一氏の『江戸幕藩大名家事典』『江戸城のトイレ、将軍のおまる』は、諸大名の格式や行列の道具などが最もていねいに解説されており、その詳細さには敬服するほかはない。ただ、小川氏も行列図の検討については敬遠されていたと筆者にもらされたことがある。

乗物と駕籠脇

駕籠舁《か》きである陸尺《ろくしゃく》（六尺とも記す）四人に担がれた乗物には前髪姿の少年が座っている。一般に駕籠といわれるが、乗物は図1のように武家などが乗る高級なもので、駕籠は庶民用であり、山駕籠のように覆いがなかったり、四手《よつで》駕籠のように茣蓙《ござ》などで垂《たれ》をつけたりしたものがあった。乗物の出入り口には、戸が簾《すだれ》のように下りる「打揚《うちあげ》」と戸を引く「引戸《ひきど》」があり、打揚のほうが格式が高く、島津家や伊達家は打揚であったが、図1中の乗物は引戸である。

乗物の周りに裃《かみしも》姿の家来が四人おり、すべて足袋を履いている。一人は老年の傅役、二人は前髪姿の子小性であり、もう一人の裃姿も若殿付の上級家臣であろう。このような乗物の周りを囲む侍たちを駕籠脇という。乗物の手前の羽織・足袋の侍は中小性《ちゅうごしょう》といい、主君に御目見《おめみえ》はできるが騎馬には乗れないという身分で、行列では乗物の前に位置して従う役であり、幕府では小十人《こじゅうにん》に相当する。その後に茶道すなわち茶坊主がいるが、これも少年のようである。乗物の斜め後の黒羽織は、足袋か裸足かは確認できないが、服装から徒士身分と見ることができるので、下々を監督する徒士目付と思われる。

傅役の後ろにいる前髪の中間は草履取であり、傘持と並んでいる。近世前期には「小草履取」が流行し、十五歳前後の美少年にきらびやかな服装をさせ足袋を履かせ、男色《なんしょく》の相手にもしたというが（『むかしむかし物語』）、この草履取の服装からは、そのような様子は見受けられない。なお近世後期の川柳でも、草履取はしばしば男色の対象として揶揄《やゆ》されている。

乗物に続いて挟箱持・鎗持・手明の中間が従い、厩別当《うまやべっとう》と口取り二人に轡《くつわ》を取られた牽馬とともに、沓籠持《くつかごもち》が並ぶ。沓とは馬の草鞋《わらじ》であり、蹄鉄《ていてつ》のなかった時代には蹄の保護に不可欠だった。馬の後の黒羽織は、行列の最後を監察し荷物や奉公人を取り締まる押さえの足軽であり、袴を着用しておらず、徒士よりも下の身分であることを示している。

騎馬の家来と「渡り者」

最後に騎馬で裃姿の老臣が口取り二人・若党三人、挟箱持・鎗持・草履取各一人を従えて進んでいる。若党とは侍の家来で最も低い武家身分のものをいい、この図でも袴を着用しておらず、足軽程度の階層である。鎗持は奉公人であるが、先述したように両刀である。馬上で若党を従え鎗を立てるというこの行列は、上級家臣の出行の基本的な姿であり、おそらく介添えの供家老か留守居役であろう。この老臣の行列は、主君の若殿の行列の一部に含まれながらも、単一の行列として成り立っている。実は、大名行列は行列が重層的に含まれ、行列の中に小さな行列の単位が含まれ、その中にまた小行列の単位が含まれるという構造になっていた。その原因は武家の本分である軍役にあるが、これについては後に検討したい。

ところで、この三八人のうち主君の若殿に目見得《めみえ》がかなうのは何人いるのだろうか。おそらく裃姿の五人に中小性一人の六人のみ、場合によれば茶道一人も含まれて七名のみであり、他の三〇人は主君に拝謁できず、主君の顔すら知らなかったのである。さらに、そのうち少なくとも半数は、「人宿《ひとやど》」という人材派遣業者から派遣された「渡り奉公人」か、日雇い・月雇いの「日用取《ひようとり》」であり、これら派遣社員やアルバイトを「渡り者」とよんだ。最大に見積もれば徒士目付以外の二九人すべてが「渡り者」と考えることも可能なのである。江戸において、中間・陸尺・小者といった武家奉公人の多くは「渡り者」であり、徒・足軽・若党などの下級武士も「渡り者」が多かった。武家の行列は、派遣とアルバイトによって成り立っていたのである。

大名行列はなぜ長い

武家行列の構造

紀州家の江戸城出仕の行列

長たらしい列をしばしば「大名行列」と表現するが、長ければよいのか、どのような構成なのかは、あまり問題にはされない。先の『大和《やまと》耕作絵抄《こうさくえしょう》』につづいて、御三家のうち五五万五〇〇〇石の紀州徳川家の江戸城登城の行列を見ていきたい。明治の成立であるが幕末の史料によったと考えられる、市岡正一『徳《とく》川盛世録《がわせいせいろく》』巻一所収「紀伊家紅葉山予参途中供連の図」であり、総勢二八〇人にも及ぶ。予参とは将軍の供をして江戸城内の紅葉山東照宮《とうしょうぐう》へ参詣することであり、御三家の特権の一つであった。同書では図4（一八・一九ページ）のように一四ページにもわたって、紀州家の行列が多くの大名屋敷の門前を通過し、先頭が江戸城外桜田門に到着しようとす

家来たちの階層

る図が掲載され、「紀伊家規式之節江戸内供立」として行列の順・役職・服装・人数の説明がある。これを、服装や紀州藩の分限帳などを参考に、登場人物の身分を考えながら図示したのが図2である。説明と絵が矛盾する点もあり巻末に訂正もあって、ことに陪臣《ばいしん》の説明は省略されているが、人数などの説明のないところは画中の人物を数えて示した。おそらくこの部分は絵でも多少の省略があろうが、とりあえず描かれた人数を図にした。

図2では、藩直属の直臣《じきしん》と家臣の家来である陪臣（又者《またもの》・又家来《またけらい》）に大別し、直臣を(a)目見得《めみえ》以上の上中級家臣が布衣《ほい》・素袍《すおう》・熨斗目《のしめ》袴《ばかま》、(b)目見得以上ではあるが馬には乗れない徒立《かちだ》ちの小十人《こじゅうにん》（中小性《ちゅうごしょう》）が素袍、(c)目見得以下の歩兵隊である徒が熨斗目袴、(d)最下級の武家である同心（足軽）が服紗《ふくさ》袴、および(e)奉公人である小人《こびと》・中間《ちゅうげん》が黒絹羽織・白張《はくちょう》・退紅《たいこう》を着用する例が多く、それぞれに分類した。陪臣は、(f)熨斗目袴の侍身分、(g)服紗袴の徒・羽織袴の若党、(h)看板着用の中間に分けた。総勢二八〇人におよぶ壮大な行列のうち、(a)目見得以上二二人、(b)小十人一三人、(c)徒三四人、(d)同心九人、(e)小人・中間一一二人、(f)陪臣のうち侍八人、(g)又徒・若党一三人、(h)又中間六八人である。このうち藩主に拝謁できるのは、(a)・(b)の三五人にすぎず、全体の一八％程度である。また三二％は陪臣であり、全体の六五％が小者・中間・又中間といった奉公人で武家より下

図2　紀伊家規式之節江戸内供立（①～⑥の順に続く）

①

使之者（黒絹羽織袴）
徒目付（熨斗目袴）
小人目付（黒絹羽織袴）
使之者（黒絹羽織袴）
供世話役（黒絹羽織袴）
使之者（黒絹羽織袴）
道具支配（熨斗目裃）
対箱持（黒絹羽織袴）
手代（黒絹羽織袴）
徒（熨斗目裃）
長柄鎗（黒絹羽織袴）
手代（黒絹羽織袴）
位傘持（黒絹羽織袴）
台笠持（黒絹羽織袴）
使之者（黒絹羽織袴）
徒（熨斗目裃）
徒組頭（熨斗目裃）
徒目付（熨斗目裃）

②

長刀持（小素襖）
小十人（素襖烏帽子）
小十人組頭（素襖）
新番（素襖）
同朋（大紋白袴）
小十人頭・徒頭（布衣）
舁丁
使番・小納戸頭取（布衣）
小性頭取・小性（布衣）
藩主
小性・小納戸（布衣）
小納戸（布衣）
舁丁
駕籠者組頭（服紗裃）
目付（布衣）
徒（熨斗目裃）
使番（布衣）
小性組（熨斗目裃）
小十人（熨斗目裃）

③

道具支配（熨斗目裃）
徒目付（熨斗目裃）
繰越供方（黒絹羽織袴）
奥坊主（十徳）
茶弁当小人（黒絹羽織袴）
徒（熨斗目裃）
数奇屋坊主（十徳）
大番（素襖）
位傘持（退紅）
草履取（退紅）
沓持（退紅）
供世話役（白丁）
供世話役（黒絹羽織袴）
小人頭（熨斗目裃）
駕籠頭（熨斗目裃）
徒（熨斗目裃）
小人目付（黒絹羽織袴）
伊賀之者（服紗裃）
鎗持（黒絹羽織袴）
手代（黒絹羽織袴）
雨傘持（黒絹羽織袴）
位傘持（黒絹羽織袴）
供世話役（黒絹羽織袴）
草履箱持（黒絹羽織袴）

13　紀州家の江戸城出仕の行列

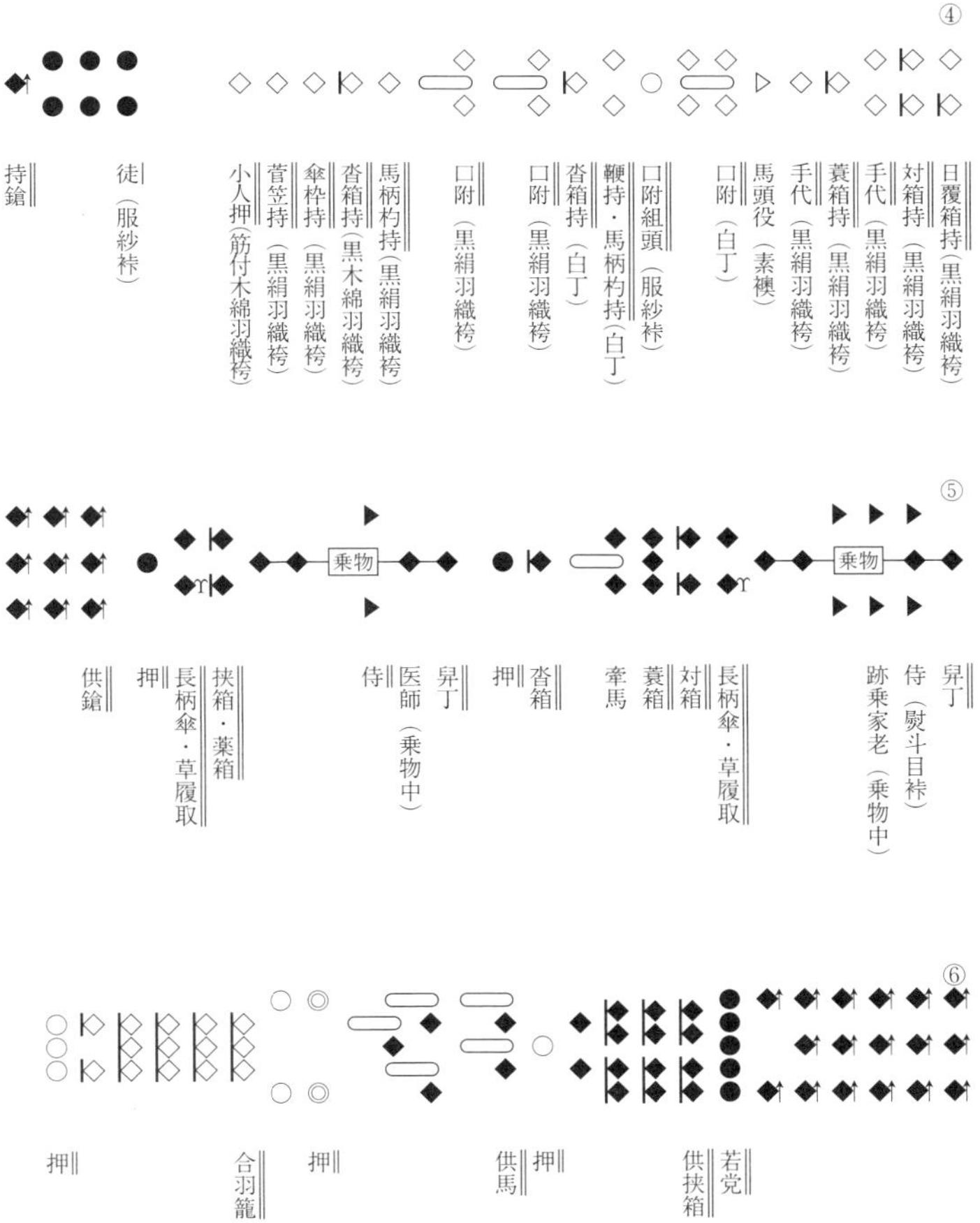

注　□目見得22　▷小十人13　◎徒34　○同心 9　◇小人・中間　|◇箱・籠持112　▶陪臣 8　●又徒・若党13　◆又中間68　　計279（藩主を含め280）　⊂⊃馬 8　↑鎗31　ϒ傘 6　Φ台傘 1　†長刀 1

の身分である。

行列の先頭

行列の構成は、基本的に『大和耕作絵抄』（図1）と同様であるが、大規模となり人と道具によるさまざまな装飾が施され、一層重層的となっている。先頭の使之者《つかいのもの》・徒目付《かちめつけ》・小人目付・供世話役などは「下座触《げざぶれ》」といわれ、「下《した》に居《お》れ」と叫んで往来する人々を制した。幕末に諸大名の格式などを歌に詠み込んだ「諸大名似歌尽」には、

御三家と御三卿様の御通りは下ニ〳〵と言ふと知るべし

と見える。次に先箱・長柄鎗・位傘《くらいかさ》・台笠が続く。挟箱は蓋の上に家紋を金で描いたいわゆる金紋先箱である。長柄は鎗隊用の統一された鎗であり、この鎗は黒塗りの柄に青貝が散りばめられた豪華なものであった。紀州家は四本道具で、この先道具二本のほかに、乗物の後に主君が使用する持鎗二本が後道具として立てられていた。位傘は参内傘《さんだいがさ》ともいわれ、主君に供がさしかける長柄の傘の一つであり、御三家のみが規式のときに使用できたという。長柄傘は目見得以上の幕臣が持たせることができたが、格式により袋入れ・爪《つま》折《おれ》などの差があり、参内傘は最高の格式を誇るものであった。台笠は、菅笠を棒の先につけて天鵞絨《ビロード》の布で包んだものである。

続いて熨斗目裃で袴の股立ちを取った徒一四人が二列で並び後から徒組頭・徒目付が進む。一般に組頭など一団を統率するものは最後に位置する。時代劇や映画のように頭が先頭を進むのは、近代の軍隊以降のことであろう。また話題がそれたが、徒のつぎが長刀《なぎなた》である。打物《うちもの》といわれ、乗物の前に持たせるのが慣例であり、主な大名家に許されていた。

ここまでは徒や小者・中間などで、藩主の顔すら拝んだことのないものたちばかりである。

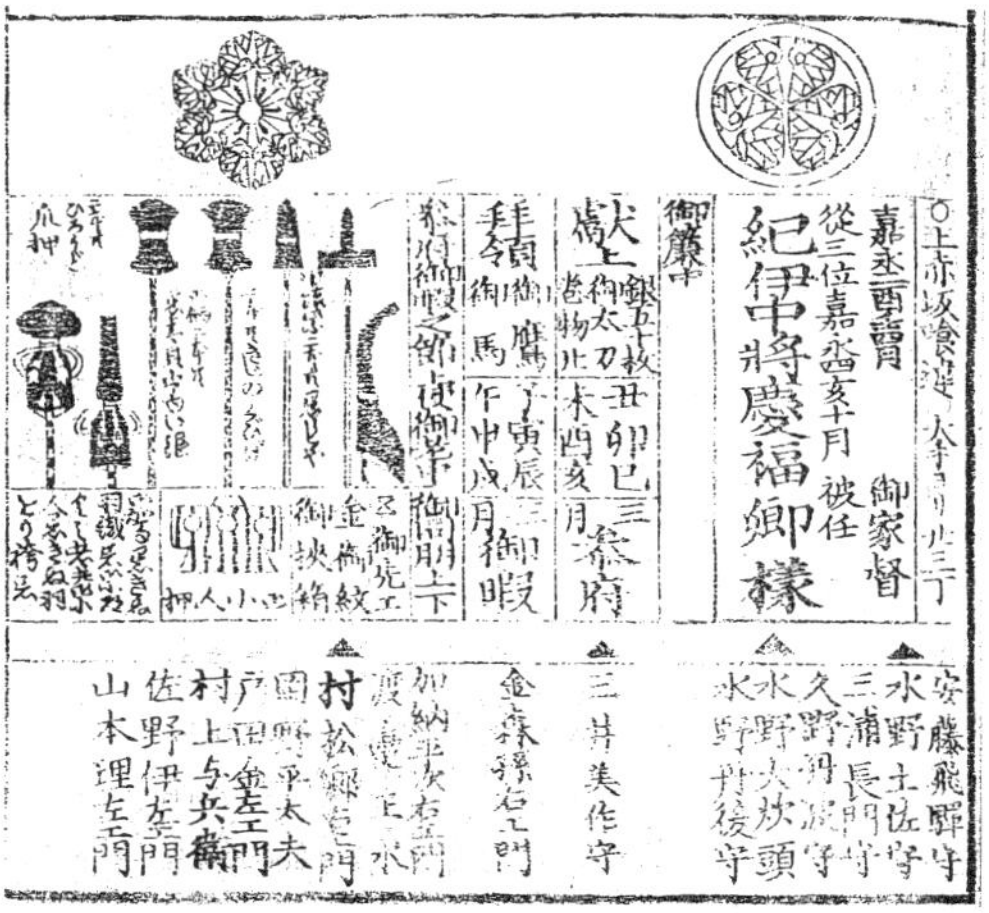

図３　紀州藩主徳川慶福（のちの家茂）の道具（『嘉永武鑑』）

藩主の乗物

さらに小十人（他家では中小性に相当）八人が二列で、後を組頭一人が進み、ここから目見得以上の侍が登場する。ついで新番・同朋《どうぼう》・小十人頭・徒頭が行き、その後を陸尺に担がれた藩主の乗物があり、前後を陸尺が、左右には布衣を着用した小納《こなん》戸《ど》・小性などの側近が駕籠脇として囲む。

紀州家の乗物は、将軍家と同じ溜塗総網代黒塗長棒《ためぬりそうあじろ》という形式であり、乗物のなかでは最も格式の高いものであった。目付や使番、小性組・小十人などが乗物の後におり、上級家臣や側近は、後ろの家老を除けばすべて乗物を囲むように配置されている。

その後を、道具支配・奥坊主・茶弁当・数奇屋坊主《すきやぼうず》・傘持・草履取・沓持《くつもち》という荷物持や藩主の世話に当たる下役《したやく》などが続き、小人頭・駕籠頭が最後に進む。沓は束帯《そくたい》用の履物であり、正月の規式のため用意されたものである。小人目付・伊賀之者はこれらの品々を持つものたちを監察する役目であろうか。伊賀之者の次に槍二本があるが、四本道具のうちの後鎗二本であり、藩主の使用する持鎗である。つぎに雨傘・位傘・草履箱・日覆箱・挟箱・蓑箱《みのばこ》などが並ぶが、傘持や履物持などは、重複しているようである。これも正月の規式でかつ紅葉山東照宮への予参があるために、平生の供揃えの黒絹羽織の供廻りのほかに、儀式用の退紅着用の供廻りを加え、平生の供廻りを後に配したため、複雑な行列の形となったのであろう。日覆は、乗物の屋根にかける羅紗《ラシャ》製の板である。さらに牽馬《ひきうま》が三疋続き、一疋は虎皮の鞍覆《くらおお》いを着けている。これも許された大名のみの特権であった。馬には鞭持や水を飲ませる柄杓持《ひしゃくもち》、馬の草鞋を入れた沓箱持などが付属している。

傘枠持は長柄の笠を立てる台を持ち、つぎに菅笠持ちが続いて、小人押さえがこの行列の最後に位置する。押さえは前述したように行列の最後に位置し、小人・中間や荷物などを監督する役であり、ここで行列の単位が終わったことを示している。いわば行列の本隊がここで完結したのである。

供家老と陪臣

押さえの後には、別の行列として家老が乗物で供をしており、『大和耕作絵抄』（図1）の騎馬の老臣に相当する。この行列は徒、持鎗、乗物の家老と駕籠脇の侍、長柄傘、草履取、対挟箱、蓑箱、牽馬、押さえから構成されている。持鎗が乗物の前に出るのは万石以上であり、行列は小大名並の格式を持っている。付家老である田辺三万八〇〇〇石余の安藤家か、新宮三万五〇〇〇石の水野家かのいずれかとも思われるが、『武鑑《ぶかん》』の鎗印が両家とは異なるので、別の老臣かも知れない。

次に医師が乗物で供奉し、薬箱持を供に連れている。藩主が病気なのであろうか。医師の押さえの後ろが「物供《そうとも》」あるいは「同勢」と呼ばれる一団である。これらは藩主の駕籠脇などの上・中級家臣などの供をした陪臣である。彼ら上・中級家臣は、本来供を率いて行列に加わる身分であるが、藩主の側近くに仕えるために供の陪臣を連れることはできず、陪臣は行列の外にまとめて置かれた。『徳川盛世録』の説明には人数が省略されているが、画中の人物を数えると供鎗二六本・若党五人・供馬五匹・挟箱一四を数える。

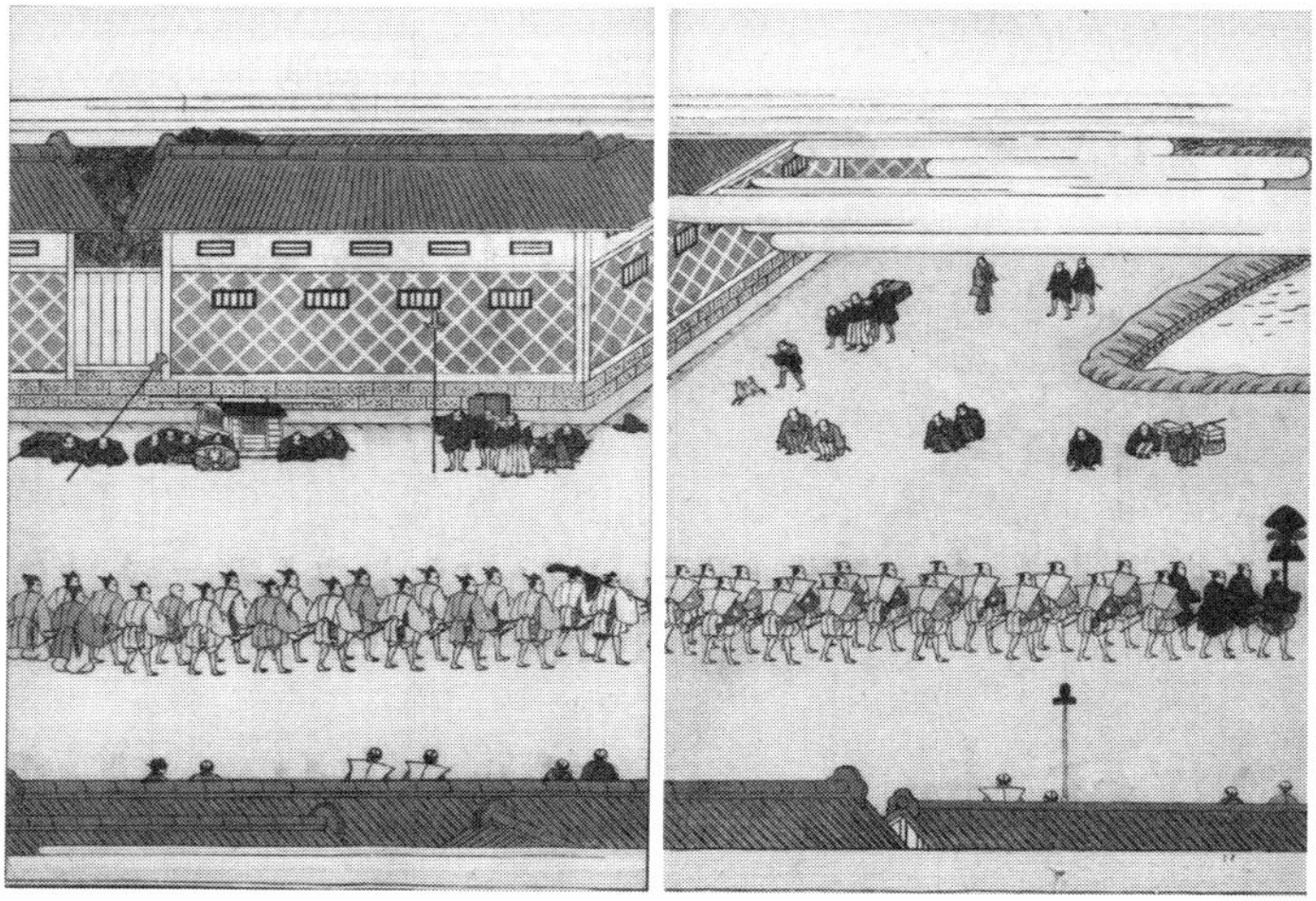

この数を信用するなら、行列全体で藩主の駕籠脇など上・中級家臣のうち、少なくとも二六人が供を連れて出仕する身分であり、そのうち五人は騎馬で若党や供廻りを従え供奉する者たちである。幕末の分限帳《ぶげんちょう》を参考にすると、この行列のうち、役高三〇〇石以上が小十人頭一人・徒頭一人・使番三人・目付一人の計六人である。行列の陪臣の部分は多くの絵で省略される傾向にあり、また幕府は諸大名の供馬・供鎗を制限していたので、供馬五の数が正しく描かれているのか否かは判断がつかないが、おそらく馬上の資格があるの

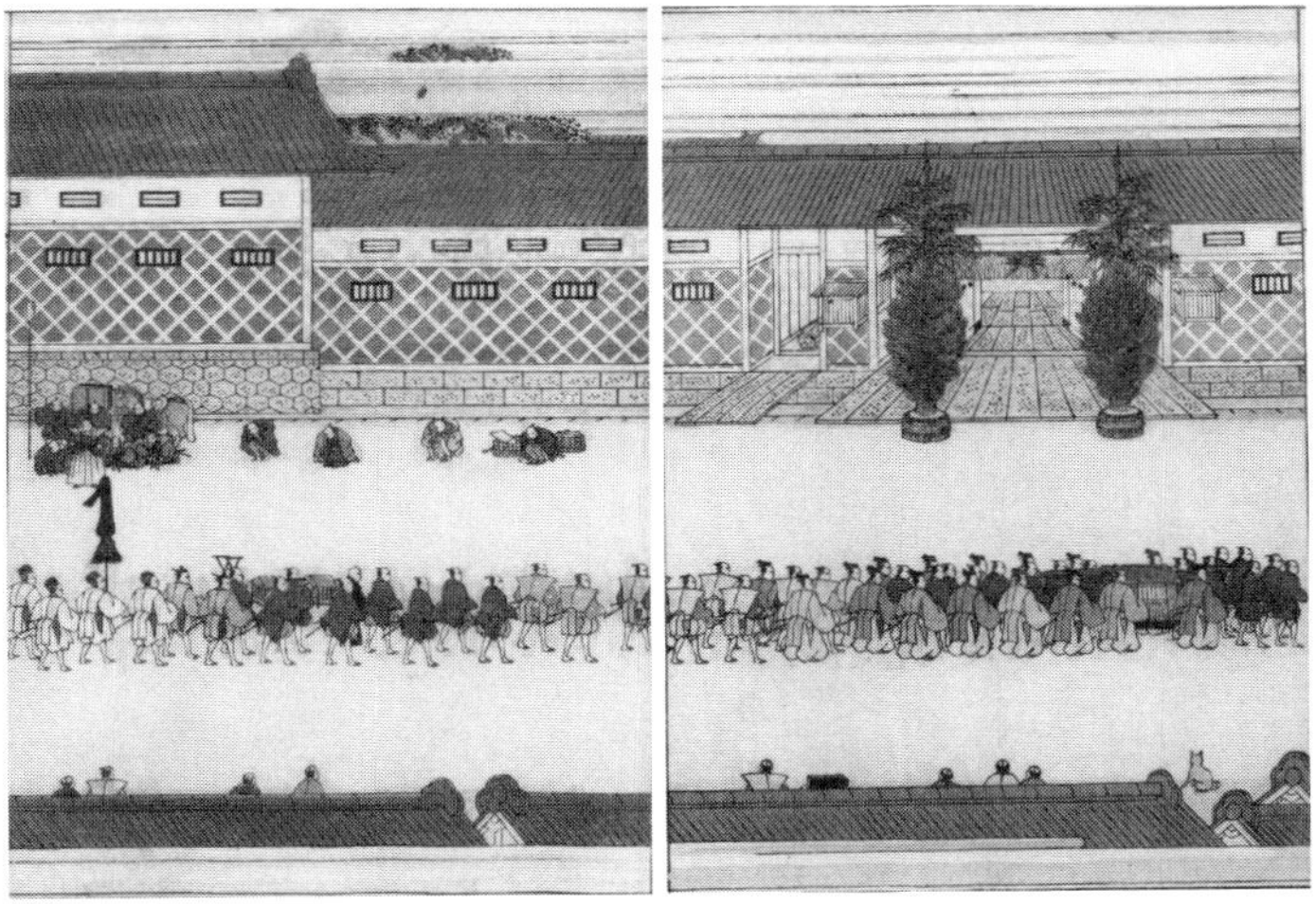

図4　紀州家の行列（『徳川盛世録』）
台笠・使之者・徒（熨斗目袴）・長刀・小十人（素襖烏帽子）と続き，布衣の小性等に囲まれた藩主の乗物が行く．

は彼ら六人であろうし、彼らの乗馬や家来がここにまとめられたのである。

惣供の後には小人押さえがおり、この一団の単位の区切りを示している。最後に雨具を入れた合羽《かっぱ》籠《かご》を担いだ一団が続き、押さえが三人でこの行列は終わっている。

川柳集『柳樽《やなぎだる》（俳風柳多留）』には、「合羽箱おつつく内のやかましさ」（五編）と、合羽箱が行列の後ろを追いかけて、ガサガサとうるさいさまを描写し、また「あと押さへ通るときねをふり上げる」（五編）と、行列の押えが通り過ぎると、いままで道端に控えていた庶民も立ち上がり、路上で仕事の途中だった米搗《こめつ》きも杵を振り上げて作業を再開するという風景を切り取っており、庶民の大名行列に対する感覚を、何かしら知らせてくれる。

長い行列と渡り者

以上幕末と思われる紀州徳川家の行列図を見てきたが、行列が長い原因は、当然のことだが家来の数が多いからである。では、なぜ家来を多く引き連れなければならないのか。本来、武家の行列は戦場に赴く姿を基本にしたものであり、大大名として家来を多く持ち、所領に相当する軍事力を有していることを証明する必要があったからである。かつ、大名として、ことに御三家としての格式を示すさまざまな装飾を持たせたからである。金紋先箱《さきばこ》・鎗・傘・長刀・馬などである。また身分の高いものほど、身の回りの世話をする下々の奉公人を多数揃えた。同朋や坊主、乗物の昇丁《よてい》すなわち陸尺《ろくしゃく》、沓持・草履取・茶弁当などである。さらに、家来も自分の格式を誇るように又家来（陪臣）を連れていたからである。家老の行列の後ろがほとんど陪臣で占められているのは図2のとおりであり、図2中では全体の約三分の一に相当する。家来を持つことが武家としてのステータスシンボルであり、それを見せつける手段が行列でもあった。

図5　紀州家の行列の後尾（『徳川盛世録』）
供挟箱・供馬の後に合羽籠が続き，最後に押さえがいる．
これらのほとんどが渡り者である．

さて、この行列のうち、人宿《ひとやど》などから派遣された渡《わた》り奉公人や日雇い・月雇いの日用取《ひようとり》はどの程度を占めるだろうか。おそらく徒のうち徒目付を除いた大半、同心では伊賀之者を除いたほとんど、小人・中間では小人目付を除いたほとんど、陪臣では侍・徒以外のすべてが渡り奉公人か日用取のはずである。とくに供世話役などは、人宿の主人本人か番頭・手代が多かった。昇丁は多くが渡り奉公人であったが、なかには紀州出身の奉公人もいたかもしれない。図2のうち二重傍線を施した職名がほとんど渡り奉公人や日用取から成り立っていたもの、一重傍線はその可能性が高い職である。信じられない方も多いと思うが、今後の記述をご覧になれば納得していただけるに違いない。多ければ約四分の三にあたる二〇〇人以上、少なくとも六〇％近い一六〇人以上は人宿などから派遣された渡り者だったのである。

近世の軍隊と家臣団の構造

人宿《ひとやど》から派遣された渡り奉公人・日用取《ひようとり》などと武家との関係を通して、近世の武家社会の変化に迫るのが本書の目的だが、その前に、近世の武家がなぜ奉公人を多く抱えなければならなかったのかを考えてみたい。

行列は軍隊の行進

近世の武家政権は本来的に軍事政権であり、世界に稀な平和な世を達成しながらも、建前上武力を維持し「武威」を誇ることによって、支配者としての正統性を保っていた。そのため武家は登城や出仕・外出には出陣に準じた姿で供を連れ、ことに鎗《やり》を立てるのが徒《か》士《ち》以上の武家としての表象であり、鎗を立て馬上で若党や手廻りを率いるのが一人前の武家の外出姿であった。

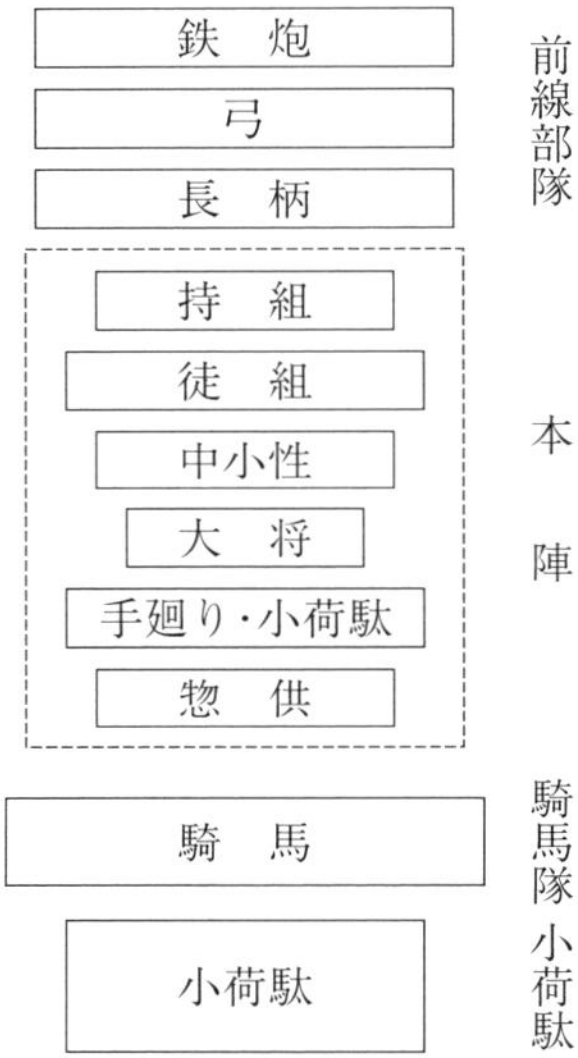

(1)前線部隊（先手）
(a)　鉄炮足軽部隊
(b)　弓足軽部隊
(c)　長柄部隊

(2)本陣
(d)　持組…足軽, 大将の武器管理
(e)　徒組…鎗組の歩兵, 本陣警衛
(f)　中小性…歩兵, 主君警固
(g)　大将と側近・小性など
(h)　道具類や日用品などの輸送
(i)　側近や小性などの家来

(3)騎馬隊
騎馬の武士とその家来・手廻り, 合戦には下馬し本陣の前に展開

(4)小荷駄　　輸送部隊　夫役・雇の者

図6　押（行軍）と備（陣形）の基本

ここで武家の行列と階層との関係を説明してみよう。

参勤交代の大名行列に典型的であるが、武家の行列は軍隊の行軍であり、武家社会の構造そのものであった。

行列の基本的な構成は、図6のように(1)前線部隊として(a)鉄炮足軽部隊・(b)弓足軽部隊・(c)長柄を持った鎗の者の部隊の順に進み、つぎに(2)本陣として大将の鉄炮・弓・鎗を管理する(d)持組足軽の部隊・長柄部隊、目見得《めみえ》以下で歩兵の鎗隊である(e)徒《かち》組、目見得以上だが歩兵で本陣を守る(f)中小性《ちゅうごしょう》

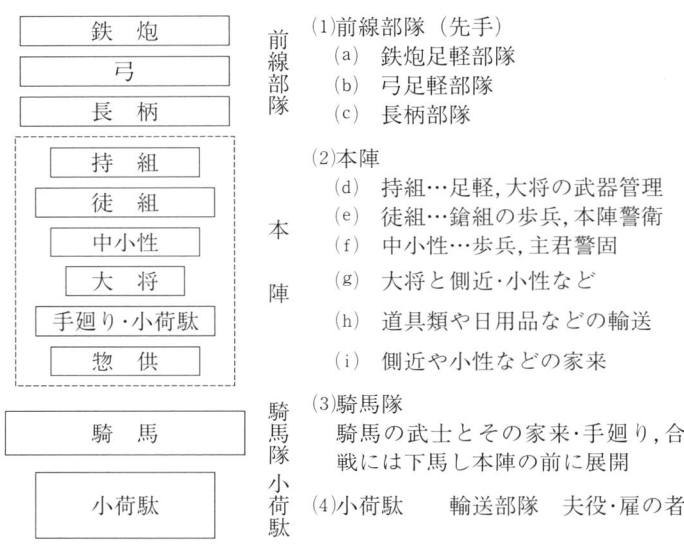

（小十人《こじゅうにん》）組が続き、その次に(g)大将が側近に囲まれ、すぐ後を大将の武具を持ったり日常のさまざまな用品を持ったりした(h)手廻りと若干の小荷駄がつづき、さらに側近たちの家来である(i)惣供《そうとも》が従う。ついで(3)騎馬の家臣がそれぞれ家来や手廻りを率いて進み、これが(j)騎馬隊を形成する。最後に(4)輜重《しちょう》隊である(k)小荷駄《こにだ》が兵糧や物資を馬に積んでいく、という形になっており、この順に多少の差はあるがほぼこの形で構成されている。これが基本的な陣形である「備《そなえ》」であり、この順に行軍する事を「押《おし》」という。武家の行列は、「押」が基本であり、近世における平時の出行や大名の江戸城出仕では、主君の御殿に出陣の兵力を率いて参上はできず、基本的に(2)本陣の部分のみが儀礼的に変形したものであった。そのため先述した紀州家の行列においては、(1)は省略され、(3)は家老と医師のみであり、(4)も省略され、あえて指せば合羽籠となる。

武家の基本的な軍陣の行列をもう一度示すと、(1)足軽・長柄の前線部隊、(2)本陣、(3)騎馬隊、(4)小荷駄の順である。とくに(2)本陣には、紀州家の行列で見たようなさまざまな装飾が入り、(3)騎馬隊は、それぞれが家来や手廻りを率い、高禄の家臣は紀州家の家老のように多くの家来を持ったり、中には騎馬の家来を持ったりするものもおり、その騎馬の家来がまた若党や手廻りを率いるから、大勢の人の中に騎馬の侍がまばらにいるような状態に見える。西部劇の騎兵隊のような馬だけの部隊ではない。なお、近世以前の軍勢は、人の後から馬が進み、映画や時代劇のように騎馬の大将の後から徒歩の家来がついていくことはない。

戦闘の形態が行列をつくる

それは、当時の戦闘法が、まず敵に向かうと(1)の鉄炮、続いて弓が加わって攻撃を開始し、さらに近づくと鉄炮・弓が左右に開いて、長柄隊が一斉に鑓で叩いたり突いたりするのが前哨戦だったからである。本格的な戦闘は、(3)の侍たちが馬から下りて本陣の前に展開し、徒歩で家来を率いて敵陣に突入して、一騎打ちで敵の首級を取り手柄を立てる。それが武家の恩賞・加増や昇進につながるというのが、戦国以来の武家社会の建前だったのである。(e)徒組や(f)小十人組は本陣を護る存在であり、騎馬の家臣は家来たちの助けを借りて手柄を立てなければならなかった。そのために家臣は多くの家来を必要とし、知行に相当する家臣や武器をそろえる必要があった。啓蒙書では、戦国時代に集団戦になったとか、鉄炮足軽が戦場の花形になったとか書かれることが多い。しかし、それで大勢が決まることはあったかもしれないが、本格的な戦闘は一人前の侍が鑓をふるって敵を討ち取り、手柄を立てて侍としての力を誇示して出世するという建前の軍隊だったのである。鉄炮だけで戦いが決まれば、近代的軍隊のように武家は無用なのである。

供連の基本は軍役

家臣がどの程度の家臣や武器が必要かを、主君が家臣に与えた知行高に準じて制定したのが軍役令である。かつて、軍役令は総人数と鉄炮の数のみが注目され、一九六〇年代には近世前期の政治的位置づけと百姓夫役《ぶやく》・生産力の問題を巡って学会の大きな論争となったが、そこでは動員人数の大半を百姓夫役と考えていた。しかし雑兵の多くが牢人などの「傭兵」であったことは、藤木久志氏『雑兵たちの戦場』に詳細である。ここでは、侍の人数に注目して見ていく。寛永十年（一六三三）二月の幕府軍役令は、近世後期まで軍役賦課の基準となり、将軍の日光社参などのとき大名に供を命じるときにもこの軍役令が賦課の基準となった。

二〇〇石から九〇〇石までは人数や武器の数を詳細に規定し、一〇〇〇石から一九〇〇石までは、総人数と鎗・弓・鉄炮の数、二〇〇〇石以上では人数がなく馬上・鉄炮・弓・鎗・旗の数のみが規定された。二〇〇石から九〇〇石までを表1に示したが、侍・鉄炮・弓・鎗のほかに馬の口取《くちとり》・甲《よろい》（甲冑）持・挟箱持《はさみばこ》・草履取《ぞうりとり》・小荷駄が規定されている。挟箱持や草履取が規定されているところに、武家が儀礼化した寛永期の特徴も見えるが、四〇〇石で鎗が二本となり、六〇〇石で鉄炮が加わり、七〇〇石で口取が四人となって乗馬

表1　寛永10年(1633) 2月軍役人数積

石高	侍	鉄炮	弓	鎗持	馬口取	甲持	挟箱持	草履取	小荷駄	外	人数
200	1			1	2	1	1	1	1		8
300	2			1	2	1	1	1	2		10
400	3			2	2	1	1	1	2		12
500	4			2	2	1	1	1	2		13
600	5	1		2	2	1	1	1	2		15
700	5	1		4	4	1	1	1	2		17
800	6	1		4	4	1	1	1	2	1	19
900	6	1	1	4	4	1	2	1	2		21

注　『徳川実紀』『憲教類典』『教令類纂』

が二匹となり、九〇〇石で弓が増えている。ただし注意しなければならないのは、これらはいずれも持鎗・持筒・乗替え馬・持弓であり、主人の使う武器であるということである。実戦でどうであったかは別として、建前は家来が使うものではなかった。もちろんこの問題は、「軍役論」論争では理解されていなかったことである。

数値で最も変化があるのは侍人数である。一騎前すなわち騎馬で家来や手廻りを率いる最低の単位では、敵に突入するときに鎗脇をつとめ、一騎打ちで敵を倒すときに支援する家来たちを多く持つこと、知行高相応に侍を持つことが不可欠だったのである。これが、家来を相応に抱えなければならない要因であり、平和な世にあっても、武家である以上家来を知行高相応に召抱えなければならなかった。行列は日ごろの嗜《たしな》みを供連《ともづれ》で示す機会だったのであり、それが「武威」の象徴にもなっていたのである。もちろん、近世前期から形骸化し、それが渡り奉公人や日用取の活躍となるのが、ここでの主題となるのだが、それはおいおい叙述することになる。

供連と家臣団の規模

そのような武家の軍役の規模と供連との関係を図示したのが、図7である。最低の供連が、(a)徒の四供《よつとも》である。幕末の事例ではあるが、幕府の徒組であった山本政恒（一八四一〜一九一六）は、その一代記『幕末下級武士の記録』に、安政三年（一八五六）十月、十六歳のとき徒組に召抱えられて組頭の許へ出頭したときの思い出を、次のように記している。

六日御用召の書状到来に付き、御徒頭森川久右衛門殿屋敷へ組頭同道、本供（槍持一人・挟箱持一人・侍一人・草履取一人）これを四供と云う、是を連れべき処、略して草履取壱人を連れ罷《まか》り越し候処、御徒御抱入れ仰せ付けられ候旨、森川久右衛門殿申渡し、例に拠り公用人誓詞《せいし》を読み上げ、その帳面を渡せしにつき、記名し血判をなし用人に戻し、頭に向かいて平伏、礼を為したり、

幕府の徒組は目見得以下の御家人で七〇俵五人扶持の軽輩であるが、外出時の本供は槍持一人・挟箱持一人・侍一人・草履取一人を引き連れなければならなかった。もちろん幕

末で安政大地震の翌年であり、御家人も困窮していたためか、草履取一人の供ですませたのである。

軍役は馬上でも平時の登城・出仕は徒歩の武家も、同様の四供であったろうし、昇進して供を連れるようになった武家は、「鎗持をはじめて連れてふりかへり」(『柳樽《やなぎだる》』三編)という晴れがましい気分だったに違いない。

馬に乗るようになると、寛永十年軍役令で説明したような形となり、(b)のように騎馬の最低の軍役となる。次第に知行が上ると武器よりも侍・若党の人数が増えて(c)のような形となる。次第に武家が高禄となるとさらに侍の数が増えていく。そうして(d)のようにそれを前に集め前線部隊としての役割を与えると足軽隊の原型が形成され、前線部隊と主人の供廻りにわかれ、備図(図6)の(1)・(2)の原型となる。この(d)程度の供連をもつ武家が、諸藩では藩の足軽を数十人預けられて指揮する「物頭《ものがしら》」(者頭・武頭などとも記す)層となる。さらに知行が増えると、図7の(e)のように家来のうちに騎馬の侍を持つようになり、その侍も自身の若党や供廻りを持つようになる。こうした若党などは、主人からすれば陪臣・又家来《またけらい》に当たるものたちである。(e)のような階層は騎馬隊の隊長である「番頭」や「家老」などの大身層が多かった。元禄七年(一六九四)備中松山藩主水谷家が改易されたとき、松山城の請取に出陣した赤穂藩主浅野長矩《ながのり》の家老大石内蔵助良雄は、先手部隊を指揮したが、大石の家臣の中には騎馬の侍が一騎おり、ちょうど(e)のような行列であった。もちろん藩の規模などによって、(b)・(c)の階層が物頭・番頭・家老を勤める大名家も多い。

図7　武士の階層と軍役・供連

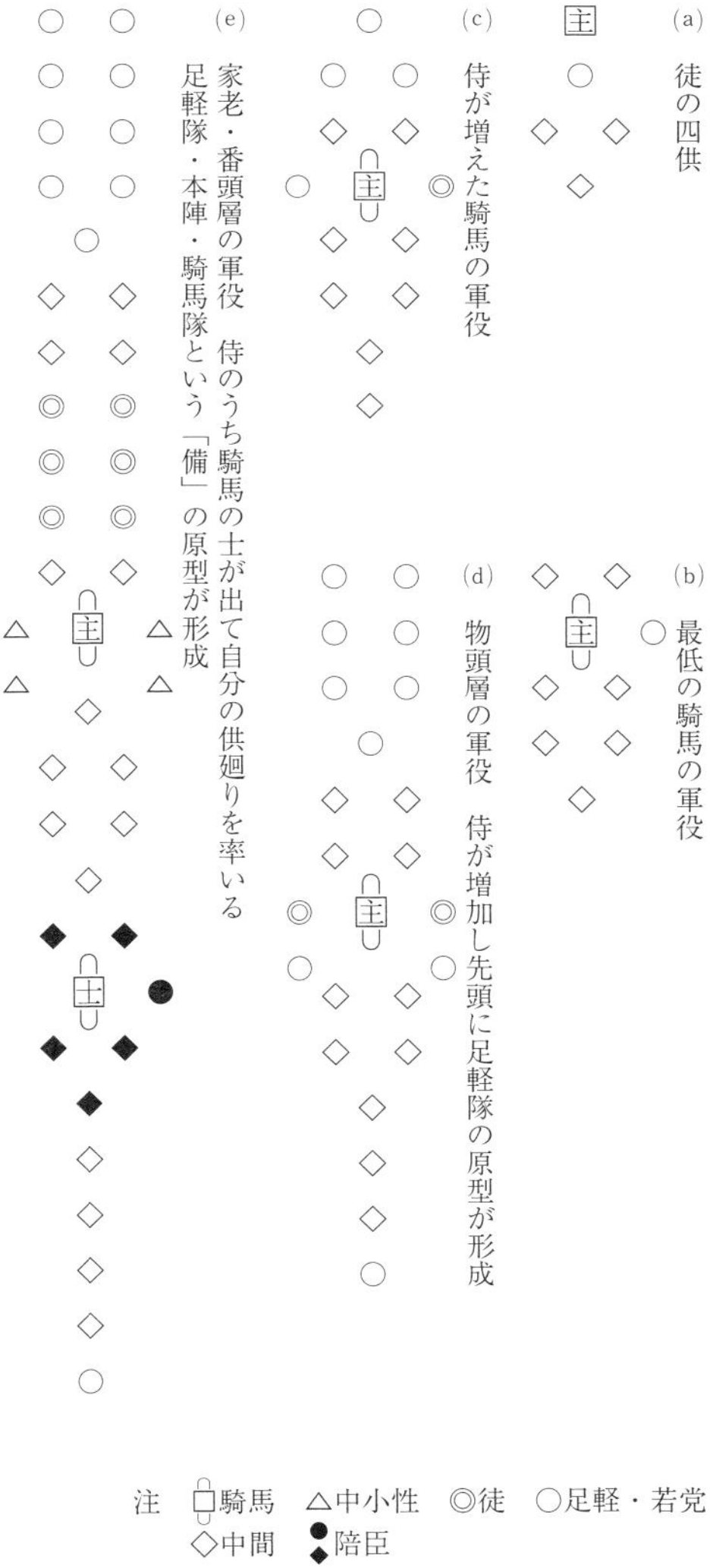

さらに、(e)よりも徒歩の兵の人数が増えると、足軽隊を編成してその頭をおく必要がある。それが「物頭《ものがしら》」である。また騎馬の侍が増えると、これも騎馬の部隊を編成して頭をおく。それが騎馬隊の隊長である「番《ばん》頭《がしら》」であり、一層規模が拡大すれば、番頭の下に足軽隊を付属して一軍である備を編成できる。それは、先陣や別働隊として動くことになる。

備の形成が家臣団の拡大

おそらく、戦国から近世初期にかけて、裸一貫で出世し加増を重ねて高禄の侍や大名になった武家たちは、このような形で次第に家臣団を形成していったと思われる。その意味で家臣団は、本来軍事組織として形成されたのである。もちろん、一族郎党や、かつての仲間・新参の牢人・高禄の侍などがさまざまな形で入り込み、実際にはそのような層が備を持って別働隊になるなど、複雑になっていたであろう。一方、主人の脇にいる側近層(側方)が主人の世話をするとともに、家政などを担当するようになり、次第に領内の行政などにも携わるようになって役人層(役方)が形成されていった。広島藩浅野氏の家臣団は、主君の警固や世話に当たる小性組から役人が発生しており、会津藩松平家では、役人層を「近習」、軍事組織に属したものたちを「外様」と称していたが、このような家臣団形成を物語る証左ともいえる。大名行列などでも、役人層は乗物の周辺にいる程度で、他の家来のほとんどは軍事・警固に当たるものたち（番方）だったのである。

そしてこのような単位、ことに(b)以上の単位が個々の武家の「家」であり、それが中世の武家の大家族的な家の軍団から自立したことにより、近世の武家の「家」が成立したのである。もちろん、重層的な存在であり、大きな家は下に小さな家を多く持つが、それは惣領を中心とした一族の連合体ではなく、主従関係が明確な家臣団として組織され、備のなかで階層に従って編成され位置づけられていたのである。

以上から、武家の行列こそ武家社会の構造を一列に表現し、家臣団全体の階層や役割を如実に示しているということが分かるだろう。よく教科書などで示される行政機構図は、支配機構は表現していても、近世の武家社会の構造を物語るものとはいえないのである。

武家の階層と俸禄の種類

四つの階層

いままで、武家の供連《ともづれ》と軍役との関係を話してきた。そこでさまざまな武家の職名や階層を並べ立ててしまったが、以上の階層などのなかで陪臣を無視すれば、武家の階層は、Ⅰ足軽（同心）、Ⅱ徒《かち》（徒士・歩行）、Ⅲ中小性《ちゅうごしょう》（小十人《こじゅうにん》）、Ⅳ騎馬の士、であり、この順に並べると軍団である「備」や行軍の「押」、また行列ともなる。Ⅳに含まれるか、この上の階層として物頭・番頭・家老層がおり、なかには自身が「備」を持つほどの家臣を抱えているⅤ大身もいる。行列において、主君はⅢ中小性に囲まれた位置におり、Ⅳ・Ⅴなどの上級家臣は、原則として主君とは離れ各々が家来や手廻りを率いている。

表2　武家の階層と俸禄・武具

階層	目見得	俸禄 a知行(石)	俸禄 b蔵米・切米(俵)	俸禄 c扶持(人扶持)	俸禄 d金銀(両・匁)	馬・武具	
Ⅴ大身層 Ⅳ給人・馬廻り	以上					馬上	持鎗
Ⅲ中小性・小十人	以上					徒歩	持鎗
Ⅱ徒・歩行	以下					徒歩	鉄炮・弓
Ⅰ足軽・同心	以下					徒歩	鉄炮・弓
		領主	内の者	労働の代償・一時的な手当			

注　色の濃い部分に各階層が集中している.

一般に近世において、多数の藩では、Ⅳの階層を「馬廻《うままわ》り」「給人《きゅうにん》」と呼んでいる。そしてⅠ足軽、Ⅱ徒、Ⅲ中小性、Ⅳ馬廻り・給人層の四階層が家臣団の基本的な階層区分となっている藩が多いのである。馬廻りとは、軍陣において主君の周囲を騎馬で警固する親衛隊・旗本層であり、また彼らを番頭が指揮する騎馬隊に編成している藩も多い。また給人とは給地すなわち所領を知行している領主のことである。近世の武家政権は統一的な知行体系を石高制によって作り上げ、知行を家臣に宛行《あてが》いながら封建的主従関係を構築し、家臣に軍役を賦課した。給人とは知行を持ち武家政権の末端に位置して、領主として存在している武家ということである。馬上で鎗を立て家来や供廻りを率い、かつ領主として武家政権の末端に位置しているというのが一人前の武家としての誇りだったのであり、Ⅳの階層より上が本来の武家といえるのである。またⅤ大身層のなかには、所領に城や陣屋をもち、周囲に家臣を住まわせて小城下町を形成して、藩の中にさらに藩が存在するような規模のものもいた。かつ、Ⅴ大身層は主君の本隊（旗本）とは別に軍団が編成されて、前線部隊・別働隊としての役割を与えられており、諸藩では「大組」「人持組」「寄組」「侍組」などと呼ばれていた。

その下のⅢ中小性は、まだ領主になれないが主君に近侍する徒歩の侍で、主君の側近くを警固する存在であり、主家の内の者といった性格である。また乗馬ができないので、戦闘で家来を率いて敵に突入するという一騎前の戦闘はできず、主君の周りを護衛する役割を持っている。さらにⅡ徒は主君に謁見が許されない目見得以下の歩兵であるが、前述の山本政恒のように正式な場には鎗を立てて供を連れることができ、その意味では武家としての体面を保っている。Ⅰ足軽は最低の武家であり、雇いや奉公人と変わらない藩もある。

四種類の俸禄

以上の四階層は、俸禄の種類とも関係するところが多い。近世の武家の俸禄は、(a)知行・(b)蔵米《くらまい》（切米《きりまい》）・(c)扶持《ふち》・(d)金銀の四種があり、中には六〇俵五人扶持などと複合的な俸禄もあって複雑である。知行一〇〇石と蔵米一二〇俵と四〇人扶持ではどれが実収入が多いのだろうか、比較しにくいだろう。(a)知行は石高で表示され、原則的には村を与えられ百姓と土地を支配しそこから年貢を取る。知行高は村の生産力であり、収入は一般に三〇～四〇%程度である。知行権とは年貢徴収権だけではなく百姓に対する裁断権・裁判権も持ち、村が災害に見舞われれば救済の手段をとり、勧農も必要になる。

これを地方知行というが、蔵米知行もある。蔵米知行は、名目上は給人・領主であるが実際には知行地は存在せず、主君の直轄地から収納した年貢を主君から支給されるという形式で、単位は石高であり、支給される収入はその三〇～四〇%程度というものである。実際の知行はなく収入は額面どおりではないが、領主としての体面を保つものである。蔵米知行は(b)蔵米と混同されるが、武家としての位置づけを考えるとまったく異なるものである。幕府は寛永十年（一六三三）と元禄十年（一六九七）に、蔵米の幕臣を加増して地方知行を与える「地方直し」を実施しており、研究も多いが、この政策が寛永期には零細な番士層を、元禄期には綱吉の館林時代の家臣団を中心とした新規の幕臣層を、知行取として領主とし、武家政権の末端に位置づけて武士としての体面を保とうとした政策でもあったことは指摘されていない。いずれにせよ、Ⅳ馬廻り・給人層以上やⅤ大身層は、原則的に知行高が支給されるのが一般である。享保以降、幕府では、知行地からの年貢率を三五％になるよう配分し、知行一石から一俵三斗五升程度の年貢が収納できるように、幕臣に対して知行地を給付している。

(b)蔵米は、主君から支給されるのは蔵米知行と同じであるが、単位は俵あるいは現石・現米であり、数値がそのまま支給額である。現石の場合、石高で表示されるので、知行と混同されやすいが、額面が支給額であり、額面の三〇～四〇％程度という蔵米知行とは異なる。何よりも蔵米知行は建前上領主としての性格があるが、蔵米取りは領主とは認められず、領主の家に召し使われているもの、内の者という位置づけである。蔵米は、年に二度・三度に分けて支給されるので、「切米《きりまい》」とも呼ばれ、幕府は享保八年（一七二三）以降、二月・五月・十月に支給した。一俵は地域によって異なり、幕府では一俵に玄米三斗五升を年貢収納時の公式な容量としたが実際には三斗七升入りだった。この蔵米（切米）を支給されたのは、一般にⅢ中小性が多くⅡ徒層にも広がっている。

(c)扶持は、本来労働に対する代償としての飯米の支給であり、雇いの者や、軍役に陣夫役として駆り出されたり、普請役に動員されたりした百姓などへの給付である。支給されたのは、Ⅲ徒・Ⅳ足軽層や部屋住みの若者などに多いようである。幕府では一日玄米五合を支給するのを一人扶持といい、月ごとの支給のため月俸とも称した。一ヵ月三〇日として一斗五升、一二ヵ月で一石八斗であり、一人扶持はほぼ五俵に相当する。ほかに金銀で支給する俸禄もあったが、これも扶持と同様と考えてよいであろう。ただ幕府の徒組が七〇俵五人扶持であり、他にも三両一人扶持など、組み合わされたものも多い。それはさまざまな勤務に対する支給や手当が複合的になされていった結果ともいえる。

すなわち、領主であり武家政権の末端に位置する武家は知行取で馬上で鎗を立てることのできるもの以上であり、主君の内のものである中小性やそれより下の雇い人に近い徒・足軽層は、蔵米（切米）・扶持・金銀などの俸禄が支給されていたのであり、複雑ながら武家としての格式を俸禄は表現していたのである。ちなみに、知行一〇〇石・蔵米一二〇俵・四〇人扶持の実収入を俵に換算して比較すると、知行一〇〇石は一〇〇俵、蔵米一二〇俵はそのまま一二〇俵、四〇人扶持は二〇〇俵となり、実収入は四〇人扶持が多い。

上級家臣と下級家臣

ところで、よく大名の家臣を上級家臣・中級家臣・下級家臣などとわけるが、その判断がわからない場合が多い。知行高や俸禄で分けることが多いが、大藩の家老で三万石もいれば、一万石の大名の家老など一〇〇石程度のものもおり、一般化できるわけではない。また諸藩により上中下を独自に分けているところもあるが、そのなかには近代になってから回顧録や郷土史のなかで分けられたものも多い。たとえば福沢諭吉は『旧藩情』のなかで、豊前中津藩奥平家の家臣団について、小姓組以上を上等、中小性以下を下等としており、一般化は難しい。それではどうすればよいのか。私は、軍役・供連と俸給の種類を組み合わせて考えている。基本的に、知行取で馬に乗れる階層が上級家臣であり、目見得以上の中小性層が中級家臣、目見得以下の徒士・足軽などが下級家臣である。福沢は、「上等士族を給人と称し、下等士族を徒士又は小役人」といっており、給人・馬廻《うままわり》層に相当した小姓組を上等とし、中小姓も徒歩のものと理解し、徒士以下の階層と同等にして下等に含めているので、理解できる分類である。また、木村礎《きむらもとい》氏も『下級士族論』のなかで、佐倉藩堀田家を例にして、徒士以下を下級士族に分類している。ただし、大藩で備《そなえ》を持つような大身の家臣が多いところは、備が持てるのが上級家臣、一騎程度の知行取は中級家臣に入れる場合もある。さきほど紀州徳川家の行列で、駕籠脇を上・中級家臣といったのは、紀州藩に備を持つような上級家臣が少なからず存在したからに他ならないが、一万石の大名の行列であれば、駕籠脇の家来は上級家臣といってもよかったのである。いずれにせよ、一人前の武家が馬上で鎗を立て、かつ知行を持って領主として武家政権の末端に位置できるのが、各藩における上級家臣の基本的な資格であると考える。そこを基準にして、その下を分けていけばよいと思っている。ただし、上中下を学校の成績のように三分の一ずつ分けてはいけない。上は五～一〇％程度、中は一〇～二〇％程度、下が七〇～八〇％程度と考えるべきだろう。上級家臣はわずかで、下級家臣がほとんどどというのが、武家社会である。

しかし、全国の武家すべてを通して、上中下に分けるのはやはり無理があり、Ⅴ大身層、Ⅳ馬廻・給人・知行取・一騎などと呼ばれる階層、Ⅲ中小性・小十人層・Ⅱ徒士層・Ⅰ足軽層に分けて、武家の階層を考えるべきである。なお庄内藩酒井家のように、Ⅱの階層を「給人」と呼ぶところもあり、言葉だけで一概に階層を分類できない例外も多いので、注意が必要であるが、おおむね以上のように武家の階層を分類できよう。

なお、Ⅲの階層は、Ⅳ以上の階層の部屋住みや庶子などが最初に出仕することも多く、またⅡの階層以下が昇進出世する到着点にもなっていた。Ⅳ以上は俸禄を世襲し譜代的な主従関係が強い階層であり、Ⅱ以下は次第にそれが希薄となっていき、後に詳述するような渡りなど雇用関係の性格が顕著な階層といえる。おそらく、主従関係の強い階層と雇用関係の強い階層との接点の部分、上級家臣と下級家臣の間、すなわちⅢやⅡの階層を中心に、いわゆる「近世的官僚制」が発達したのではないだろうか。多くの研究者が近世の武家の階層を論じるとき、上士層・徒士層・足軽層に分け、中小性層に注目していないが、著者がことさら中小性層を取り上げるのは、以上の理由からでもある。

旗本と御家人

幕臣でいえば、寛永十年の軍役令で馬上の侍を持つのは三〇〇〇石以上、一軍の験《しるし》である幟《のぼり》を立てるのは五〇〇〇石以上であり、この辺りが表2のV大身層に当たる。三〇〇〇石の無役を寄合として他の幕臣と分けるのも、このようなことからも窺える。そして書院番・小性組・新番・大番という騎馬部隊の番士層とそれと同格の役方がⅣに当たり、小十人がⅢに当たる。幕府では、寄合より下の幕臣の家柄を、両番（書院番・小性組）筋、大番筋、小十人筋と分けていたが、これも軍役と供連の図でいえば、両番筋は図7の(b)・(c)、大番筋は(d)、小十人筋が目見得以上だが(e)に当たる。その下の目見得以下のいわゆる「御家人《ごけにん》」で徒士層に相当する役人がⅡ、幕府では足軽を「同心」と呼ぶが、これに当たるのがⅠといえよう。ただし、騎馬に乗る資格があっても目見得以下である「与力」もおり、軍役は(d)だが格式はⅡという例外もある。

なお、幕臣は一般に「旗本」といわれ、教科書や辞典などの説明では、将軍の直臣《じきしん》で万石以下の目見得以上を旗本、目見得以下を「御家人」といい、総称して「直参《じきさん》」というなどと説明している。たしかに明治以降に、このような説明が諸書で繰り返されてきた。しかし、江戸幕府において、旗本・御家人の区別が明確になるのは十八世紀末の寛政期（一七八九〜一八〇一）以降であり、それ以前は一般に、御家人が大名までを含めた徳川氏の直臣、旗本は将軍の親衛隊という意味で使用されており、江戸時代一般の説明としては当てはまらない。手元にある大学受験用の史料集で、享保七年上米令《あげまいれい》の冒頭「御旗本に召し置かれ候御家人」の口語訳を見ると、「将軍直属の旗本として召し抱えられている御家人」と書かれていたが、旗本が御目見得以上、御家人が御目見以下という説明を当てはめると、意味はまったくわからない。これは、将軍の「御家人」すなわち直臣である大名・幕臣のうち、将軍の側近くに親衛隊「旗本」として召抱えられている「御家人（直臣）」、と解釈しなければならないのであり、辞書的な説明は実際の史料では通用しないのである。とりあえず、本書では「幕臣」という言葉で、いわゆる旗本・御家人を総称することにし、「旗本」は主君の親衛隊という本来的な意味で使用している。

冗長に述べてきたが、以上、武家の行列の説明から行列が軍陣の行列を基本としていること、当時の合戦のあり方から武家の供連や階層が成り立っており、それは家臣団や俸禄のあり方とも関係があったことを指摘した。その意味で行列は近世の武家社会の構造そのものであり、幕府や藩の職制表などより、よほど武家社会全体を如実に物語っているのである。その行列に、人宿から派遣された奉公人や日用取が不可欠であったのは、元禄期の『大和耕作絵抄』（図1）や幕末の紀州藩の江戸城登城の行列（図2）のなかでたびたび指摘した。以下、人宿から派遣された渡り奉公人・日用取などと武家、武家社会の象徴でもある行列の変質を通して、近世の武家社会や江戸の奉公人の関係、さらにこのような状況を反映した近世社会の展開に迫っていきたい。

武家は奉公人に支えられた

近世前期の幕臣と一季居奉公人

憤慨する大久保彦左衛門

軍役としての奉公人召抱え

近世初期以来、武家たちは知行高と軍役相応の家来や奉公人を召抱えなければならなかった。知行地の百姓はその供給源であったが、合戦や不穏な政情が続く緊張した社会のなかで、江戸に牢人や流入者があふれると、当然このような階層いわゆる戦場の傭兵たちが武家奉公のもう一つの供給源となる。幕府は、慶長十五年（一六一〇）四月以来、しきりに侍・中間・小者に一季居《いっきおり》の奉公人を抱えることを禁止している。中間と小者の区別は判然とはしないが、中間は出行のとき鎗持・挟箱《はさみばこ》持・草履《ぞうり》取《とり》などを主につとめるようなもの、小者は屋敷の雑用などに携わるものであろう。一季居とは、一年単位で奉公先を替える渡り奉公人であり、そのような層が多く存在し、時にあぶれて牢人となり市中を徘徊するのは治安悪化の要因ともなった。しかし、たびたび禁令が発布されているのは、違反者が多く一季居奉公人が一般に雇用されている証拠である。幕臣だけでなく、参勤交代で江戸に出た藩士たちも、家来や奉公人を一時的に召抱えるのに都合がよかっただろう。寛永四年（一六二七）正月には、侍・中間・小者の一季居奉公を厳禁し、召抱えた武家は罰金、一季居奉公人は入牢か一生譜代奉公人として働くこと、奉公を斡旋した保証人「請人《うけにん》」は入牢か罰金に処すると布告した。もちろん奉公には保証人が必要であり、「請人」はその受け皿になっていた。次第に専門業者化して「人宿《ひとやど》」が成立するが、後述するように早くから業者化していたであろう。

この寛永四年の取締りには背景がある。近世初期には将軍がしばしば大規模な軍勢を率いて上洛し、多数の大名もこれに従った。そのときの供連《ともづれ》は軍役令に規定され、多くの侍や奉公人を召抱えていなければならなかった。前年の寛永三年、大御所徳川秀忠と将軍徳川家光が上洛した。近世初期の朝幕関係を確定し、徳川政権がついに近世国家の頂点に登ったことを確認する政治的に重要な上洛であり、現存する京都の二条城はこの上洛のために修築されたものである。上洛は半年にわたったが、上洛前年の寛永二年、幕府は上洛を通達するとともに、幕臣に対して奉公人の解雇を禁止した。上洛に備えて軍役相応の人数を確保させるためである。多少の扶持が支給されたとはいえ、東海道を往復し半年も在京して家来に生活費を与え、経費もなくなり江戸に帰った幕臣たちは、当然奉公人の一部を解雇しようとする。幕府が、一季居奉公人の大量放出による治安の悪化を危惧して、その解雇を禁止したのがこの寛永四年令だったのである。

多くの侍や奉公人を放出できなくなった幕臣たちは、外出や江戸城出仕に侍たちを大勢供連に加え、日ごろの軍役の嗜みを見せるしかない。しかし寛永五年、幕府は出仕や外出の時の供連を規制し、二〇〇石は侍一人、四〇〇石以下は二人、七〇〇石以下は三人、一七〇〇石以下は四人、二七〇〇石以下は六人、三七〇〇石以下は七人、四七〇〇石以下は八人、それ以上は一〇人に定めた。幕府は、幕臣に対して平生軍役人数や武器の確保を命じながらも、それを発揮させる場面を禁止したのである。もちろん、将軍の鷹狩りや猪狩り、鞭打ちといった模擬の騎馬戦、馬揃えという観閲式などがしばしば行われたとはいえ、幕臣全体が参加するわけではなく、将軍の側近や小性組・書院番などの親衛隊の一部が、軍役より軽い供廻りで参加したにすぎなかった。

幕臣たちの反発と困窮

このような幕府の統制に幕臣たちは反発した。大久保彦左衛門忠教《おおくぼひこざえもんただたか》が『三河物語』のなかで憤慨しているのは、幕府のこのような措置が原因の一つでもある。彦左衛門は、能吏や新参者出世を遂げ、大勢の供揃えで闊歩するのに、譜代の幕臣が冷遇されていることを嘆き、ことに幕臣が窮乏しているさまを、次のように嘆いている。

御前御奉公を申せども、百俵・百五十俵・二百俵・三百俵下され候らえば、御前の御奉公を申せば、髪を結い申し、若党の一人も二人も連れではかなわず、御城歩きにもならざるとて、徒歩・裸足にてもならざれば、小者の五人・三人持たでもならず、百・二百・三百俵下され候ものは、年中の裃《かみしも》一枚、又は若党・小者の扶持給にも足らず候えば、内儀は昔、親・祖父の生業のごとくなる、稗粥《ひえかゆ》の体なり、各々御譜代衆の末々の暮らし申すなり、

幕臣たちが「御前御奉公」すなわち殿中での勤務をするのに、小禄の蔵米を賜っても、身なりを整えなければならず、若党も用意しなければ、城に出仕することもできないし、徒歩や裸足でなく馬に乗るとなると小者が数人必要である。小禄の蔵米では裃は一張羅だし、若党や小者の扶持も出せず、内実は三河時代の貧しかった父祖と同様に、稗の粥をす

すっているほどである、と幕臣たちの困窮を嘆いているのである。

この時期の幕臣たちは、おしなべて困窮していた。まず小禄の幕臣たちが多く取立てられたからである。それは中世以来の複合的な大家族であった武家の家から、十七世紀の近世前期には、一族が次第に自立していき小家族となっていったのである。主君は個々の家に所属していた小さな武家たちを直接掌握し、彼らを騎馬隊・歩兵隊などに編成して直属軍を形成しながら、近世的な軍制を確立して家臣団を作り上げるのである。江戸幕府も同様に、大番・書院番・小性組・新番・小十人組などの旗本直属軍を順次編成していく。このような軍団を「番組」といい、ここに編成された侍を「番士」「番衆」というが、かれらが将軍の親衛隊士たちであり、これが本来の「旗本」だったのである。

大久保家の分解と幕臣層の創出

大久保家も、小田原藩主であった本家が改易された後、本家を中心とした大久保家の軍団が分解して、傍流の分家が小大名や幕臣として徳川家に多数召抱えられており、図8のように中世以来の大規模な「家」が分裂した典型といえる。中世の三河時代には彦左衛門の父忠員《ただかず》が、さらにその嫡男忠世《ただよ》が大久保の家の惣領であり、彦左衛門はじめ一族は、忠世を旗頭とした一族の大久保家の軍団の一員であった。傍流の分家の中には早くから大久保家の軍団から離れ直接家康に仕えるものもいたが、彦左衛門は天正十八年（一五九〇）家康が江戸に入封したとき、兄の小田原城主大久保忠世のもとにいて、小田原領内で二〇〇〇石を与えられており、大久保家の家臣だったのである。彦左衛門は、大久保家の一員として徳川家に属していたものの、徳川家の直臣として家康に近侍していたわけではなかった。

のち甥に当たる忠隣《ただちか》は小田原城主を継ぎ、二代将軍秀忠の年寄として力を振るったが、家康の謀臣本多正信《ほんだまさのぶ》との抗争に敗れて慶長十九年改易された。改易がなければ彦左衛門の子孫は、大名大久保家の家老として代々続いただろう。改易された後、大久保家の一族すなわち家の軍団は解体した。幕府は傍流の分家をそれぞれ幕臣として取立てた。彦左衛門が家康に直接仕え、幕臣となれたのは改易後の慶長十九年であり、初めて徳川家から直接一〇〇〇石を賜ったのである。彦左衛門は、大久保忠隣を改易に追い込んだ本多正信を悪し様に罵っているが、彦左衛門は彼のお蔭で大名大久保家の家臣の座から幕臣に昇れたのであり、『三河物語』を書きながら、内心にんまりと舌を出していたかもしれない。

大久保家では、戦国末期に一族の軍団から別れた家は幕臣のうち大番に編成され、忠隣の改易後創出された家は大番よりも格式の高い「両番」といわれた書院番・小性組に所属する家が多かった。彦左衛門の子供たち四人も書院番・小性組のいずれかとなって庶子三

図8　大久保一門の系譜

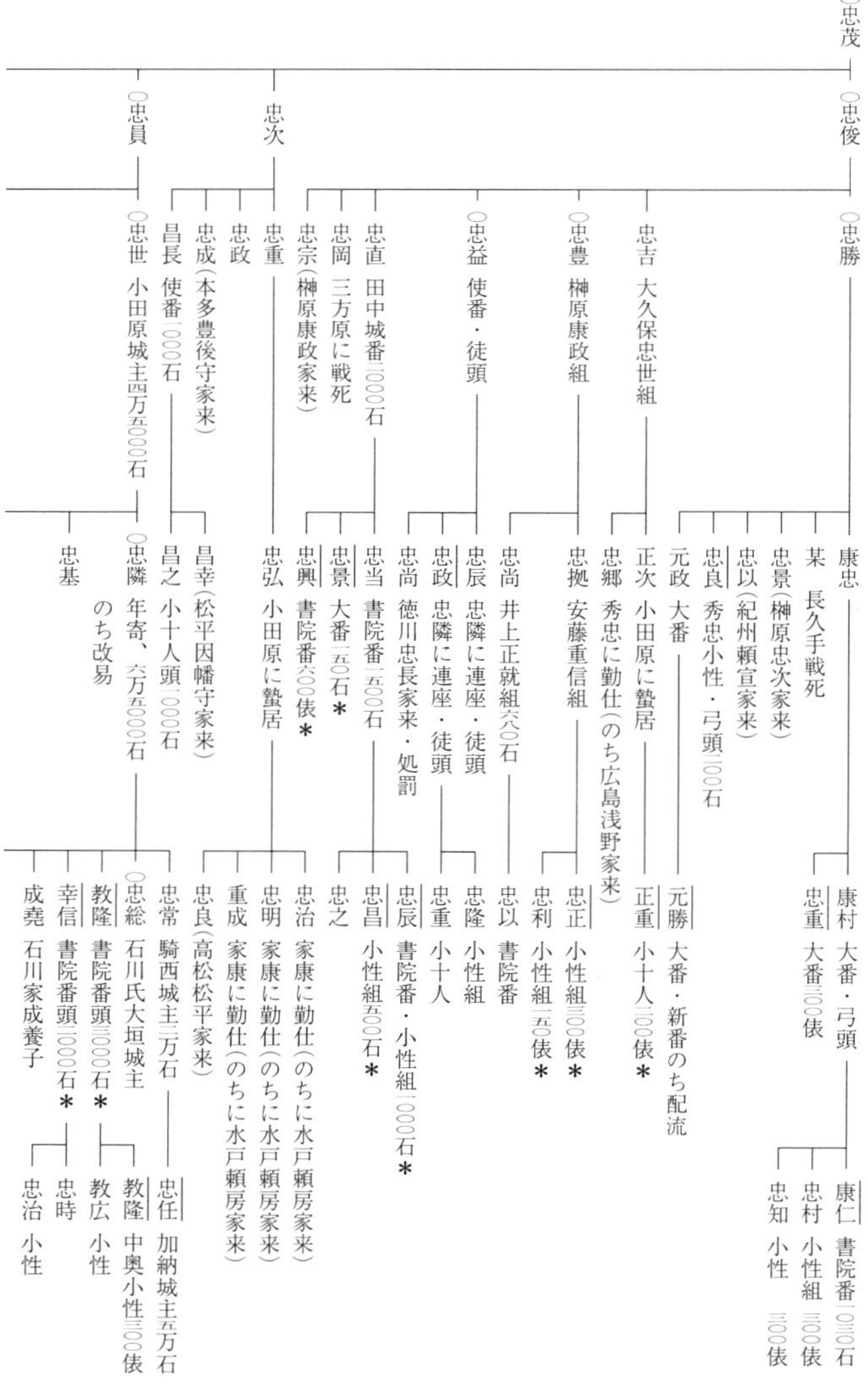
○忠茂
○忠俊
○忠勝
康忠
某　長久手戦死
忠景（榊原忠次家来）
忠以（紀州頼宣家来）
忠良　秀忠小性・弓頭二〇〇石
元政　大番
康村　大番・弓頭
忠重　大番三〇〇俵
康仁　書院番一〇三〇石
忠村　小性組　三〇〇俵
忠知　小性　三〇〇俵
元勝　大番・新番のち配流
忠吉　大久保忠世組
正次　小田原に蟄居
忠郷　秀忠に勤仕（のち広島浅野家来）
正重　小十人三〇〇俵＊
○忠豊　榊原康政組
忠拠　安藤重信組
忠正　小性組三〇〇俵＊
忠利　小性組一五〇俵＊
忠尚　井上正就組六〇石
忠以　書院番
○忠益　使番・徒頭
忠辰　忠隣に連座・徒頭
忠政　忠隣に連座・徒頭
忠尚　徳川忠長家来・処罰
忠隆　小性組
忠重　小十人
忠直　田中城番二〇〇〇石
忠岡　三方原に戦死
忠宗（榊原康政家来）
忠当　書院番一五〇〇石
忠景　大番一五〇石＊
忠興　書院番六〇〇俵＊
忠辰　書院番・小性組一〇〇〇石＊
忠昌　小性組五〇〇石＊
忠之
忠次
忠重
忠政
忠成（本多豊後守家来）
昌長　使番一〇〇〇石
忠弘　小田原に蟄居
昌幸（松平因幡守家来）
昌之　小十人頭一〇〇〇石
忠治　家康に勤仕（のちに水戸頼房家来）
忠明　家康に勤仕（のちに水戸頼房家来）
重成　家康に勤仕（のちに水戸頼房家来）
忠良（高松松平家来）
○忠員
○忠世　小田原城主四万五〇〇〇石
○忠隣　年寄、六万五〇〇〇石
のち改易
忠基
忠常　騎西城主二万石
忠任　加納城主五万石
○忠総　石川氏大垣城主
教隆　書院番頭三〇〇〇石＊
教隆　中奥小性三〇〇俵
教広　小性
幸信　書院番頭二〇〇〇石＊
忠時
忠治　小性
成堯　石川家成養子

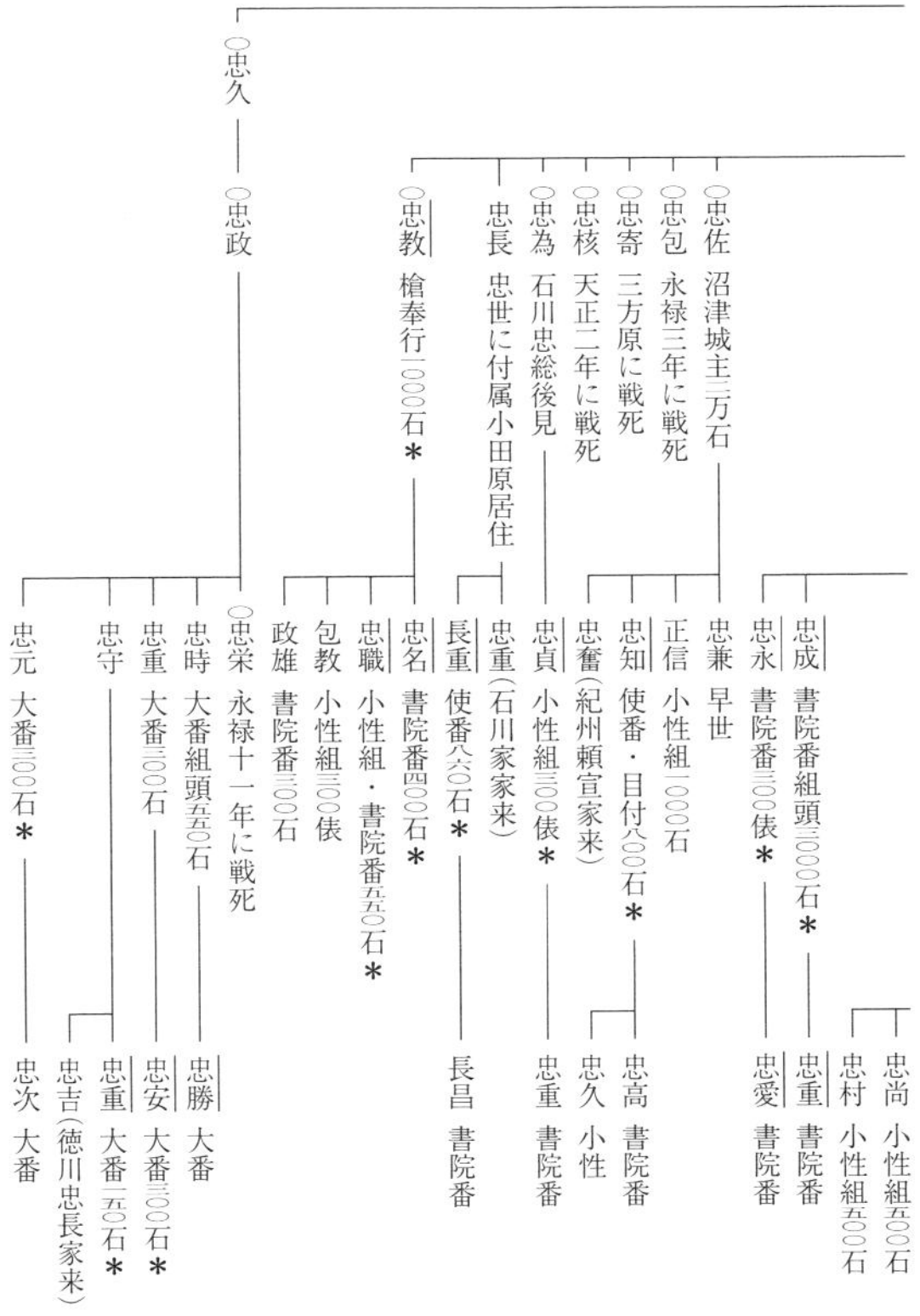

注　『寛永諸家系図伝』『寛政重修諸家譜』『三河物語』を参照した
○人名　『三河物語』に活躍が記されている人物
人名　寛永十年前後に幕府が勤仕していた人物
＊　寛永の地方直しで加増された人物、ただし俸禄は加増以前

人はそれぞれ新たな家を創出している。そして大久保一族はじめ幕臣の番士層は、戦場で自ら敵陣に突入して武功を立てることが、武家の本分であると誇りを持っていたのであり、その嗜みのために若党や中間を召抱えていなければならなかった。

大名・幕臣の分家は、家康・秀忠が将軍であった元和九年（一六二三）までに一五九家、三代家光が将軍であった慶安四年（一六五一）までに一四七家、四代家綱の延宝八年（一六八〇）までに一〇三家、五代綱吉の宝永六年（一七〇九）までに五五家、六代家宣から八代吉宗の延享二年（一七四五）までに二四家と、十七世紀前半に集中し、十八世紀になると激減する。また分家は譜代層に多く見られる。大久保家は、改易によって分割されたが、多くは親の遺跡を相続したとき親の知行が兄弟に分割されたり、二、三男など庶子が部屋住みのまま出仕したりして、新たに蔵米や扶持を与えられ、次第に出世して一家を構えるような形で分家が創出された。

いずれにせよ近世前期、ことに大久保彦左衛門が怒り狂っている時期に、蔵米一〇〇俵から三〇〇俵程度の零細な幕臣が出現し、若党や小者の召抱えに苦労していたのである。一生仕えるような譜代奉公人を、彼らが持てるはずはない。当然一季居の奉公人を使うことになる。しかし、一季居奉公人が江戸市中におり、就職できなかったものが浮遊していたのでは、治安の悪化につながる。幕府は、十八世紀の初めまで、誰も守らない一季居奉公人の禁令を出し続けるのである。

寛永の地方直し

このような幕臣たちの窮乏に対して、家光は父秀忠が死去した翌年、幕政の実権を握った寛永十年に、「寛永の地方直し」を実施し、小禄の幕臣ことに番士層から順に知行を加増し、蔵米を知行に替えて、領主としての体面を与え、その不満の一端を解消したのである。幕府では、知行地を持ち領主となった幕臣を「地頭」と呼んだ。地頭は、鎌倉時代だけではなく幕末まで領主の意味で使われた言葉だったのである。知行地を持つことは、年貢収入だけではなかった。知行地から百姓を夫役として徴発し、江戸屋敷で使用することもできたのである。大名始め多くの幕臣は、奉公人の一部を知行の百姓でまかなっていた。特に大身の幕臣は、幕末まで知行地から中間などを提出させていた。

近世前期の渡り者たち

かぶき者

ところで、一季居奉公人だけでなく、武家奉公人の多くが、仲間同士で強く結合して、なかには義兄弟の契約を交わしたり、男色《なんしょく》の契りを結んだりし、徒党して主従関係を蔑《ないがし》ろにする者もでてきた。「かぶき者」がこれであり、異様な衣装や風俗で町を闊歩した。上級の武家もいたが多くは下層の武家奉公人であり、仲間同士の義理や侍としての意地を重んじて主従関係を無視するような態度を取り、市中で横暴を重ねていた。慶長十七年（一六一二）六月、自分の中間《ちゅうげん》を成敗した幕府の大番組頭芝山権左衛門正次が、中間の仲間から報復を受けて殺害され、これを契機にかぶき者三〇〇人余が一斉に処刑された例はよく知られている。かぶき者の頭目大鳥居逸平《おおとりいいっぺい》は、武蔵の百姓の出身で武家奉公を転々としながら、武家の横暴に対抗する奉公人たちを結集し、仲間の誰かが殺されたときには、たとえ主人であっても仲間一同で報復すると誓い合っていたという。

かぶき者的な風潮が奉公人たちに浸透すれば、身分格差などは無視される。寛永八年（一六三一）、幕府は小者が勝手に侍となることを禁止している。徒・若党・足軽・中間・小者といった下層の侍や奉公人は、実際彼らの間では格差もなかったようであり、彼らが一季居奉公に当たって小者から勝手に侍となって奉公した事実を物語っている。また寛永四年には、徒・若党・足軽の衣類を絹・紬《つむぎ》までに限った。寛永八年にも、奉公人の衣類統制令が出ており、このような者たちのなかには、異様な風体や衣装を着け、横暴で騒ぎを起こす「かぶき者」が多かったのであろう。慶安五年（一六五二）四月には、江戸市中に男色を禁止するとともに、草履取《ぞうりとり》・陸尺《ろくしやく》たちが勝手に男色の相手や義兄弟の契約を結び、弟分を他に草履取奉公させたりすることを禁止しており、ここからも「かぶき者」的な奉公人同士の結合が一般的に存在したことを窺わせる。彼らは、一季居奉公人として幕臣や大名の家来に抱えられていたのである。

牢人たちの奉公先

これらの奉公人は、牢人が糊口《ここう》を凌《しの》ぐ手段でもあった。江戸における牢人取締りは、慶安四年の由比《ゆい》正雪《しょうせつ》事件の前後から、明暦三年（一六五七）明暦の江戸大火を経て万治年間（一六五八〜六一）ころまでが厳重である。仕官が叶わない牢人の悲話が伝えられるが、若党などの武家奉公人は、牢人が召抱えられた。一季奉公人の出替り時期は、承応二年（一六五三）から二月と確認できるが、明暦大火の翌明暦四年には、若党・中間・陸尺・小者・牢人に、二月三十日以降住まいを貸すことを禁じた触書が江戸町中に布告されている。かれらのうちには、出替りの時期をすぎても屋敷に奉公せずに、町屋を借りて居住している者も多かったことを窺わせ、牢人もおそらく徒・若党などの一季居奉公人として召抱えられていたことが推測される。なお出替りの時期は、寛文八年（一六六八）から三月となっている。翌年には、出替りの時期は幕臣ばかりでなく、大名の江戸屋敷の家臣も守るように布告されており、一季居奉公人は、江戸に居住した武家たちの大半が使用していたことがわかる。その後も、出替り奉公人や牢人を、出替りの時期をすぎても長々と町中においておくことを禁止する法令が、十八世紀に入っても出ている。牢人は仕官の運動、学問や寺子屋の師匠、はては内職などで生活したといわれるが、やはり武家奉公人は牢人の奉公先の一つだったのである。

一方で、奉公人たちの中には自身の職業に誇りを持つものもあった。足軽・奉公人たちの生態を東国語で語った『雑兵物語』は、十七世紀の後半に川越藩主松平輝綱か弟の大坂城代松平信興の周辺で編纂された軍学書であるが、同書に登場する馬の口取は、姿のよい馬に乗ろうと筋を切ったりする主人を批判し、来年からはこのような主人には奉公しないと広言する。もう一人の口取は、もし上洛の供をしたら、このような馬に乗った主人は箱根の坂で馬とともに転げ落ちて、やっと自分の過ちを悟るだろうと、侍をあざ笑うのである。フィクションとはいえ、泰平に慣れた武家に対して、武家奉公人たちが批判の眼を向けていく様子が生き生きと描かれている。

なお『雑兵物語』は、よく戦国時代の足軽の様子を描いているといわれ、啓蒙書などの挿絵に使われるが、ここに登場する三〇人の足軽・奉公人たちは、すべて近世前期に確立した武家社会における武家奉公人の役割を物語るものであり、登場の順は先に説明した「備」や「押」の順で、兵農分離や街道の整備・扶持支給の制度など、近世前期の社会状況に即した記述となっており、戦国時代のものとはいえない。

忍藩家老平田弾右衛門の若党

武家屋敷に奉公した若党・中間などの奉公人が、それぞれの屋敷にどの程度おり、どのように勤務をしていたのかは、近世前期には事例が少ない。

将軍家綱の傅役《もりやく》であった老中の武蔵忍《おし》藩主阿部忠秋は、家光・家綱政権を支えた一人だが、温厚清廉で人望があり、幕府の牢人取締り強化に一人反対して、牢人の江戸追放を中止させた人物として知られている。彼の家に平田弾右衛門という家老がいた。近世の実録本『大久保武蔵鐙《むさしあぶみ》』や講談では、家光の小性であった忠秋が、家光に追従せず不興を買って切腹しようとしたとき、これを思いとどまらせ、あるとき洪水で怒濤が逆巻く隅田川を見た家光が、幕臣の中に川を乗り切る勇者はおらぬかと叫び、皆が尻込みする中を、忠秋が一人馬を駆って隅田川に乗入れると、弾右衛門も主に続いて乗り入れ、主従助け合いながら見事に乗り切り、家光も深く感銘したという逸話が知られている。どこまで真実かは不明だが、忠秋が日ごろ平田を深く信頼していたことは、現存する忠秋の自筆書状からも窺える。

寛文五年、当時二〇〇〇石を知行して江戸屋敷に詰めていた平田弾右衛門は、宗門改めの書付を藩に届け出た。平田家には若党が一九人・中間二三人・女中二八人、うち上女中

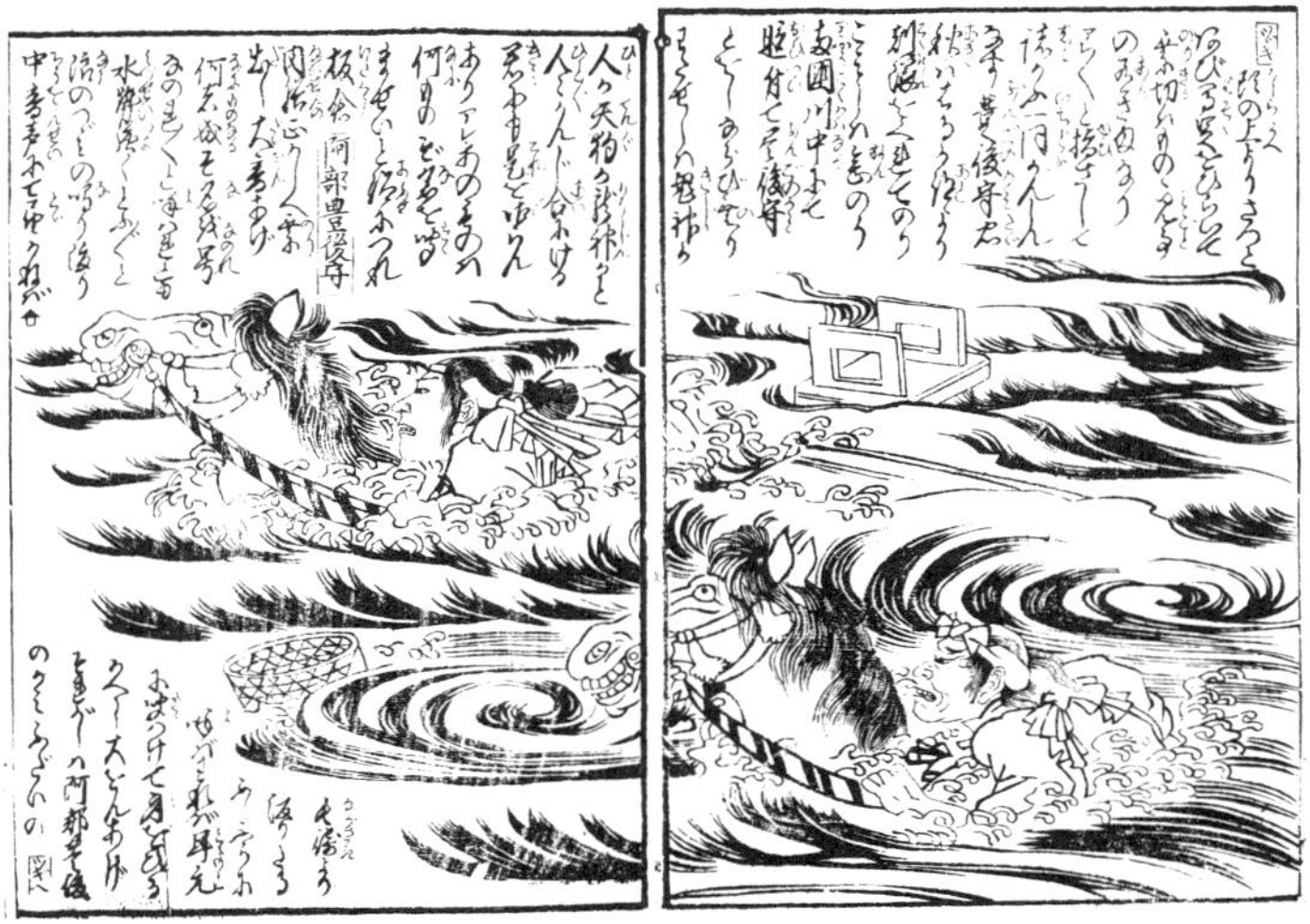

図９　隅田川を渡る阿部忠秋と平田弾右衛門
（『隅田川誉の乗切』芳虎画，明治14年〈1881〉刊）

一八人・下女一〇人が仕えていたと記されている。女中が上下に分けられており、平田家では女中の中にも組織が成立していたのであろう。若党の筆頭にいる小林三太夫は、女房と下女を持っており、屋敷内で生活していた。ただし、若党のうち一人と女中のうち六人は譜代下人であるが、その他は一季居奉公人である。なお弾右衛門には子息三名が屋敷内におり、このうち嫡男に若党三人・中間五人・女中八人、二男に若党一人と中間二人・女中三人、三男に若党一人・中間二人を付けている。女中が付属する嫡男と二男は妻帯し、嫡男はすでに何らかの役職に就いていたのであろう。平田は武家の中では大身の二〇〇〇石であったが、彼ですら譜代の若党は一人だけであり、江戸に居住した多くの武家が、ほとんどが一季居奉公人を召抱えていたことが推測できよう。

近世前期の行列と奴

武家奉公人たちの姿が見えてくるのは、やはり行列であり、主人の江戸城出仕の供である。

元禄期の統制

延宝二年（一六七四）には、七夕《たなばた》や八朔《はっさく》における江戸城の儀式に登城する大名・幕臣が、供に白帷子《しろかたびら》を着用させることを禁止している。八朔は、天正十八年（一五九〇）八月一日に家康が江戸に入城したことを祝う幕府の重要な儀式の一つで、徳川家康入城の故事に従い、大名・幕臣は白帷子で登城した。かれらは供揃えにも白帷子を着せて、行列を飾ったのである。また同時に、小性組・書院番・大番といった幕府直属軍の番士層が、鎗持や挟《はさみ》箱《ばこ》持の手代わり、すなわち交代要員を供連に加えていることを、「御番衆には有るまじき」

行為として禁止している。行列が次第に拡大し華やかになっていったのであり、そこに行列を組むときだけ雇う日雇いのアルバイト「日用取《ひようとり》」が登場する余地があったのである。

延宝八年、四代将軍家綱が死去し、館林藩主であった弟の綱吉が五代将軍となると、いわゆる「天和《てんな》の治」が開始され、大名・幕臣に対する監察が次第にきびしくなる。同年、現在の皇居前広場である西之丸下に入る外桜田門・馬場先門・和田倉門に徒目付を派遣して、出仕する大名・幕臣の供連が、規定以上に侍や陸尺《ろくしゃく》などをつれていないか取り調べ、多い分は通さないと触れている。

天和二年（一六八二）八月には、陸尺が木綿の綿入を着用したり、中間が合羽をつけたりすることを禁止し、翌年八月にも同様の法令を通達している。旧暦とはいえ八月に綿入を着るのはかぶき者的な異様な風体であろうし、供揃えが合羽を着用するのは、いかにも華美で贅沢なことだったと思われる。さらに貞享元年（一六八四）八月にも、小者が江戸城内で合羽を着用することを禁止しており、合羽がこのころから武家奉公人だけでなく庶民にも流行していったのかもしれない。

なお、綱吉死後の正徳の治のなかでも、供のものが晴天下に笠を着用することを禁ずる触書が、宝永六年（一七〇八）五月、翌年六月、正徳四年（一七一四）四月と、数度にわたって発布されている。旧暦の夏であるが、供の侍や中間は、強い日差しを遮ることもできなかったのである。

宝永二年七月には、近ごろ挟箱の棒が長すぎ、無益であるから短くするように通達が出るなど、なかなかうるさい。棒を長くしたのは、中間の挟箱持の自己顕示であろう。元禄期（一六八八〜一七〇四）にかぶき者は姿を消したといわれるが、武家奉公人のなかには、意地を張って独特の風体をしていたものがおり、彼らを奴あるいは赤坂奴と呼んだ。鎌のような「鎌髭《かまひげ》」を生やし、頭の中ほどまで月代《さかやき》を剃って鬢《びん》を細く糸のように残した「糸鬢」で頭の後に小さな髷《まげ》を結い、冬でも袷《あわせ》一枚で尻はしょりで過ごしたという。巻頭で説明した『大和耕作絵抄《やまとこうさくえしょう》』（図1）の鎗持や挟箱持、次頁の図10を眺めていただきたい。彼らの姿が奴の典型である。江戸の赤坂に住んでいたとも、東海道赤坂宿から江戸に移り住んだともいわれ、十八世紀前期の正徳期まで大名・幕臣が好んで使用したといわれている。

奴の模範

十八世紀前半の享保期（一七一六〜三六）に八十歳になったという財津種爽《たからつしゅそう》が、幼時からの江戸の風俗の変遷を書きとめたという随筆『むかしむかし物語』によると、

下々の奴と云うは、奉公能《よ》く勤め太儀《たいぎ》なる事を太儀に思わず、或は寒中にも袷《あわせ》一つに

図10　奴図（『むかしむかし物語』）

て寒き顔をせず、一日食事を喰らわずともひだるき躰《てい》をせず、供先にてうそにも用に立つべき命を捨て働かんと広言、さて又、歴々の奴、身持ち・食い物、ふやけたるなま柔らかなる躰なし、好色のことも、泥《なじ》み屈託の気味なく、刀脇差、焼き刃の強きを好み、侍道の勇気専らとし、人に頼まれ、または人の為に命を露程とも思わず、支配を敬い親方・老人を懇ろにし、律儀なる人を慇懃《いんぎん》に結構にあしらい、我に替えても人を救い徳に貪《むさぼ》らず、気根達者をはげみ、武芸に精を出し、人の勤めがたきことを事ともせず、敵とせし者をゆるさず、これらその頃の奴の番頭なり、

と、男伊達《おとこだて》で意地を張りながらも、硬派で軟弱を徹底的に排除し、命に替えて自らの勤めと人の道を守り、常に武芸に励み、「漢《おとこ》」らしく堂々と世の中を真っ当に生きようとし

た姿を髣髴《ほうふつ》させる。この種の回顧談は、執筆当時の武家や奉公人のふがいなさに憤慨しているのであり、むかしの奴を理想化していたことは確かであるが、これこそが奴の中の奴と人々が信じていたのだろう。

かつて「下馬先《げばさき》の作法」があり、出仕や他の屋敷に出かけ主人を待つときには、侍は腰掛、つぎに草履取《ぞうりとり》がかしこまり、鎗持は門外に立ち、挟箱持は土下座した。門外に馬を立てる順や乗物を並べる順も作法があり、それを誤ったり無視したりすると口論となったという。また主人が屋敷などから出るとき、鎗持は玄関の前で鎗を横たえ、主人に差し出すと、主人が鎗の鞘《さや》を取って中を改め、鞘をはめてから、鎗持は鎗を立てた。主人が道端で立ち話をしているときには、鎗持は穂先を下げて主人の右手の近くに差し出し、主人がいつでも持てるように心がけていたという。これを「鎗持の下馬おとし」といい、奴たちの心構えの一つであった。戦場における作法が、いまだ生きていたのである。このような作法や心構えも、享保期にはなくなっていた。

江戸城の下馬先

大名・幕臣は、定められた儀式のある式日や勤務などによって、江戸城に出仕しなければならず、そのたびに供揃えして登城した。もちろん、諸藩の家臣も同様である。江戸城は近世初期以来数度にわたって改修され、明暦の大火以降、現在残るような曲輪《くるわ》になった。本丸に出仕する大名・幕臣は大手門か内桜田門(桔梗門《ききょうもん》)から三之丸に入ったが、この門前には大きく「下馬」と書いた高札「下馬札」が掲げられており、ここで馬を下り、供のほとんどはこの場所に待機した。

元禄十二年(一六九九)閏九月の規定によれば、大名たちは侍四〜六人・草履取一人・挟箱持一〜二人というわずかな供を連れ、陸尺四人の担ぐ乗物で門を通り、二之丸に入る大手三の門前の下乗橋で乗物を降り、侍二〜三人・草履取一人・挟箱持一人を連れて本丸へ巨大な石垣に沿ったなだらかな坂や階段を登っていき、中之門・中雀門《ちゅうじゃくもん》といった厳めしい門を通って本丸に入り、玄関についた。役人や小大名は中之口・納戸口から入り、玄関から御殿に登れる大名は限られていた。各入口や玄関で供は待機し、召連れた刀番が刀を預り、徳川一門や前田・池田といった特定の大名のみが刀持をつれて大広間まで持ち込めた。部屋を本丸御殿の中に持っている役人などは侍一〜二人・草履取一人・挟箱持一人を連れて、下馬から本丸まで歩いていき、部屋のないものは挟箱を中之門に置いた。

なお御三家と、東叡山寛永寺《とうえいざんかんえいじ》・日光山を総括した輪王寺宮《りんのうじ》は、中之門まで乗物で入った。のち宝永二年七月の大名幕臣への達書には、最近供廻《ともまわ》りの異様な風俗が目立っているとして、供の者の減少を命じており、番組を支配する番頭や、奉行などの役人以外で三〇〇

表3　元禄12年(1699)江戸城登城の経路と召連れ人数

登城経路	四品・10万石以上	1万石以上	3000石以上	3000石以下
玄関 ↑ 中雀門 ↑ 中之門 ↑ 大手三之門 ↑ 下乗橋	侍3人 草履取1人 挟箱持1人 (中之門まで)	侍2人 草履取1人 挟箱持1人 (中之門まで)	侍2人 草履取1人 挟箱持1人	侍1人 草履取1人 挟箱持1人
↑ 大手門 ↑ 大手下馬所	侍6人 草履取1人 挟箱持2人 六尺4人	侍4,5人 草履取1人 挟箱持2人 六尺4人		

注　『御触書寛保集成』

〇石以下の者は挟箱は一箱に限定すること、万石以下は蓑箱を供廻りに持たせるのを無用とし、挟箱持・鎗持などの交代要員を供に加えないこと、出仕の前に刀持や留守居を下馬先に待機させないようにすること、下々のものが城内へ下駄履きで入ることを禁止するなど、細々とした禁令が出ている。裏を返せば、供廻りの行列が次第に拡大し、華美になっていく一方で、主人の出仕の間下馬先に待機する供廻りの侍や中間などの風俗や行動が、大胆で不作法になっていったのである。

たばこ・酒・煮売

下馬先において、多くの供は主人の退出まで待機していた。のち老中は「四つ上りの八つ下り」などといわれ、一般に一〇時頃までに登城し、一四時頃には御用部屋を退出したというが、その通路に当たる場所に部屋を持つ諸役人は、老中以前に登城して出勤する老中を出迎えた。勝手方の勘定奉行は、五時頃に大手門横の下勘定所に出勤したという。この間、供の侍や奉公人は待機するだけが仕事であった。かれらがかしこまっておとなしく待機しているはずはない。以前から幕府は下馬先において喫煙することを禁止していたが、よほど目に余ったのであろう。元禄六年には、下馬先に小人目付を派遣し、巡回させてタバコを吸っているものを見つけたら主人の名を問いただすことにしている。下馬先におけるたばこ禁止の触書は、元禄十六年にも出ており、喫煙は中々止まなかった。管見では、それ以後の触書が見えないので、喫煙は蔓延して禁止もできなくなったようである。

しかし、下馬先の待機は暇である。正徳二年（一七一二）には、江戸町中に触書を布告して、下馬先で待機する供の者に酒や煮売《にうり》を売ることを禁止している。煮売とは飯や魚・野菜・豆などを煮たものを売る惣菜屋であり、酒を売ることもあったという。近世は人々

図11　近世後期の下馬先の屋台（学習院大学図書館蔵『諸大名登城之図』）

の食事が朝夕二食から、朝昼晩三食になっていく時期であり、次第に昼飯が一般化していった事実をも物語る法令でもあるが、同年の正月と十二月に二度も出ていることを考えると、寒い時期には、腰弁当より温かい肴や酒があったほうが体が温まるから、下馬先の煮売屋も繁昌し、禁令が出ても止まなかったのだろう。礼楽を重んじた正徳の治において、身分的格差を明確にして静粛さと秩序を保とうとする政治姿勢の中では、下馬先において侍も中間も煮売屋の屋台に集まるという喧騒や秩序のなさは、無視できなかったと思われる。

なお、下馬先における酒・煮売の禁止

は、正徳五年正月以後の法令から見出せず、つぎの享保期以後からは次第に一般化したようであり、幕末には菓子屋・寿司屋・汁粉屋など多くの屋台が下馬先に出ており、また「武鑑《ぶかん》」売りや瓦版《かわらばん》売りなども、下馬の名物となっていた。

主人に手向かう渡り者

奉公人の不足と質の低下

元禄・正徳期（一六八八〜一七一六）は、幕臣の人数が一気に増加した時期である。それは、上野《こうずけ》館林藩主徳川綱吉が五代将軍を継いだとき、館林二五万石の家臣団（綱吉は、実際には江戸の神田屋敷に居住しており「神田館《やかた》」の家臣団ともいわれる）をすべて幕臣に加え、甥の甲斐甲府藩主徳川綱豊が家宣《いえのぶ》と改めて六代将軍となったときも、甲府二五万石の家臣団（同様に「桜田館」の家臣団といわれる）をすべて幕臣に加えたからである。また神田館の家臣のなかには、元禄十年の地方直しで、蔵米取から地方知行取となり、領主としての体面を備えた者もいた。

幕臣の増加は、奉公人の不足に繋がった。宝永三年（一七〇六）正月には、三月の出替りを見越して、幕臣に知行所から人足を呼んで召使うように命じている。そのとき幕府は田畑や農業の障害にならないようにと農村労働力の確保にも留意しており、近世初期における過重な軍役や普請役の徴発とは異なった段階にあることを窺わせる。宝永五年にも、知行所から人足を呼寄せるように命じるとともに、現在雇っている一季居《いっきおり》奉公人でそのまま召使いたい者がおれば、継続して雇うようにと、奉公人の確保を命じている。

奉公人の不足は、当然質の低下を招く。同じ宝永五年には、近年には奉公人が請状（誓約書）を出して給金を先払いされても雇い先に引っ越さないで勤めず、奉公してもすぐに欠落《かけおち》してしまい、保証人に連絡しても埒が明かず、給金が返済されないことがあると、江戸町中に町触《まちぶれ》が出ており、このような請人である「人宿《ひとやど》」がいたなら、厳しく取り調べて必ず処罰すると布告された。近世では、逃亡することを「欠落」といい、必ずしも男女が駆落ちすることではなく、個人でも複数の逃亡でも「欠落」といった。

渡り者の主殺し

元禄七年三月、江戸三河町の人宿佐左衛門から町奉行所に訴えがあった。幕臣四〇〇俵取の大番水上左太夫正純に、佐左衛門が斡旋して給金一両二分で中間奉公に出した岸右衛門という二十三歳の中間が、主人の供をして東海道を大坂に上る途中、遠江《とおとうみ》荒井宿で主人を斬り殺し自害を図ったというのである。

岸右衛門は死に切れずに捕えられ、大目付兼道中奉行の高木伊勢守守勝の家来の取り調べに、岸右衛門は次のように答えた。

行列には水上左太夫の従兄弟日置内匠《たくみ》が同行していたが、小田原で内匠が買った遊女に岸右衛門が手を出そうとしたところ、遊女が内匠に告げ口した。内匠は左太夫に、岸右衛門は律儀だが不届きだから手討ちにすべきだと進言し、左太夫が承知したのを、岸右衛門は小耳に挟んだ。遠江橋本村に入ったとき、左太夫が乗物の戸を開けたところを、鎗持の岸右衛門は脇差を抜いて腹を一突きにし、左太夫が反対側に飛び出したところを二、三太刀斬りつけて逃亡した。

岸右衛門は前年三月から水上家に奉公しており、下請けとなったのは、側用人柳沢出羽守保明（のち吉保）の家来の草履取《ぞうりとり》で伝助といったが、草履取の主人の姓名は知らない。上請けは江戸新小田原町で上下日用（日雇）を斡旋している定右衛門という町人である。奉公した後、水上左太夫は「愍ろ」に召使ってくれたが、日置内匠が左太夫から岸右衛門を貰ったといって、岸右衛門を酷く召使ったことを恨み、それが元で左太夫も恨むようになったという。なお共謀者がいなかったかと尋問され、相談する者もいなかったと答えている。

以上のように、岸右衛門は虫の息で供述し死亡したが、死骸は品川まで送られ、磔《はりつけ》にかけられた。

岸右衛門は武蔵川越城下の近在入間郡府川村（川越市）の出身だった。川越には、この年正月に側用人の柳沢吉保が七万石で入封したばかりであり、ようやく領内の支配に手を付けた慌しい時期であったが、川越藩の役人は早速府川村に赴き、岸右衛門の縁者を取り調べた。父母はすでにおらず、同村の名主を始め従兄弟三人がいたが、役人は三人を捕えて大目付の高木守勝に引渡した。

三人の取り調べにより、次の事実が判明した。岸右衛門は、川越藩主が柳沢以前の松平伊豆守信輝だったときの元禄元年、信輝の家老松井五郎左衛門に六年季の約束で六両前借して奉公したが、元禄三年に欠落し行方知れずになったため、従兄弟たちが六両を弁償して、欠落者を記した藩の『払帳』に記載し、義絶したという。先の岸右衛門の供述と合わせると、その後江戸に出て、水上家に奉公するまで二年の空白がある。下請けになるような草履取が仲間にいるのは、どこかの武家に奉公していたのだろう。岸右衛門は、奉公先を欠落し江戸に流入した渡り者だったのである。

従兄弟三人であるが、義絶したとはいえ主殺しの縁者として流罪に処せられた。連座制の時代の厳しい処罰である。

この事例は、当時の武家奉公人の一端を物語っている。この事件を記載しているのは、明暦三年（一六五七）から元禄十二年まで、江戸の牢屋敷に収監された九七〇件余の事件を分類して編纂した『御仕置裁許帳』であるが、本書では武家方・町方に限らず奉公人のほとんどが江戸以外の出身者であり、奉公人の大半は岸右衛門のような地方の出身であったろう。さらに岸右衛門が先の奉公先を欠落して江戸に出て武家奉公をしており、奉公人のなかに欠落者が多いことは、『御仕置裁許帳』にも多数の例が見られる。

岸右衛門を水上家に奉公させたのは、江戸三河町の人宿佐左衛門であるが、下請けに柳沢家の家来の草履取伝助が、上請けに江戸新小田原町で上下日用（日雇）を斡旋している定右衛門がいた。日用取は日雇い・月雇いの労働者で、寛文五年（一六六五）から日用座が設置され、座に銭を支払い日用札を取得しないと働けなかったが、札だけでなく日用頭という手配師から仕事を貰わなければならなかった。定右衛門はそのような手配師であろう。あるいは、岸右衛門は一時期日用取として働いていたのかもしれない。ともかく請人には重層的な構造があり、次第に確実な町人が上請けになっていた。反対に下請け・孫請けと、下になるほど流れ者や欠落者でも構わないという構造もあったのだろう。

岸右衛門が主人を殺害するに至った遊女とのやりとりや日置内匠の告げ口・人遣いなど具体的な内容はわからないし、供述のなかで岸右衛門が主人や日置から「律義者」といわれたり、主人が「懇ろ」に召使ったというのも、供述書の性格上疑いの余地がある。ただいずれにせよ、欠落者を幕臣に斡旋するような人宿が元禄期に存在し、幕臣の奉公人にこのような渡り者が雇用されていたのである。

元主人をつけ狙う

元禄二年七月、江戸本所の路地で、幕臣太田弥太夫を付けねらい斬りかかった常木平内という若党が返り討ちにあった。平内はかつて、幕臣青木与右衛門の若党常木源内が人主《ひとぬし》（身元保証人）となり、麴町の庄太夫が請人となって太田に奉公していたが、過失があって江戸追放を命じられていた。平内は密かに舞い戻り、同じく源内が人主、庄太夫が請人となって今度は幕臣の内藤源左衛門に若党として奉公していたのである。平内の死骸は磔にかけられ、人主の源内は捕えられて死罪となっている。源内は姓が同じであり、おそらく身内であろう。請人となった人宿の庄太夫の処分は、『御仕置裁許帳』には触れられていないが、江戸追放のものを武家奉公人として斡旋する人宿も存在していた。

『御仕置裁許帳』は、犯罪者の記録だから当然であるが、主人の刀を盗み下女と欠落した若党や、追剝《おいは》ぎして女性を傷つけた中間など、武家奉公人の悪事や彼らを斡旋した人宿の姿を見出すのに事欠かない。

かかる奉公人と人宿のあり方が、以後、武家奉公人の性格だけでなく、行列の姿や武家社会を大きく変えていくのである。

江戸にも人材派遣があった

人宿の展開と欠落する奉公人

人宿の展開

奉公人の斡旋

奉公には、保証人に当たる請人《うけにん》が必要であり、次第に奉公の斡旋を行う業者も出てきた。彼らは、奉公を希望する者の請人となって奉公人の契約書である「奉公人請状」に請人として請判（署名捺印）し、判賃《はんちん》（判銭）を受取った。奉公先を斡旋して決まると雇い先と奉公人の双方から口入料・口銭・世話料などを受取った。このような業者は、人宿《ひとやど》・入口《いれくち》・口入・請人宿・奉公人之宿・けいあんなどと呼ばれ、十七世紀末以降、触書などでは「人宿」と呼ばれた。人宿が斡旋した大半は徒《かち》・若党・陸尺《ろくしゃく》・中間などの武家奉公人であり、奉公を希望して人宿に所属していたものを「寄子《よりこ》」といった。

人宿については、南和男氏の先駆的な研究があり、本書も氏の学恩に負うところが多い。人宿は、『近世事物考』などによると寛文期に始まり、江戸木挽町《こびきちょう》の医師大和慶安が、本業より縁談の媒酌を専らとしたので、縁談や奉公の斡旋をする者を「けいあん」と呼ぶようになったという。しかし、江戸幕府徒組の記録を編年に編纂した『御徒方万年記《おかちかたまんねんき》』によれば、寛永十七年（一六四〇）十月、徒頭《かちがしら》の申合わせで、武家町で治安のために辻々に設置された辻番所の辻番が、番所で妻子を持って生活したり商売をしたりすることを禁止しているが、それとともに「人宿」を営業していることを指摘し、前々からご法度であることを確認している。寛永期（一六二四～四四）に人宿が存在したことは確かである。また、のちではあるが天保十三年（一八四二）、陸尺を専門に斡旋をした人宿の上申書によると、正保期（一六四四～四八）以前から「駕籠宿」と呼ばれて、請判を捺して大名幕臣へ乗物舁《か》きの陸尺を紹介していたという。人宿は、町人の奉公人も斡旋したが、多くは徒・若党・陸尺・中間・小者など武家奉公人の斡旋が中心だった。

享保期（一七一六～三六）の老人の思い出話『むかしむかし物語』は先に引用したが、同書では十七世紀中ごろの奉公人出替りの様子を次のように語っている。

昔は出替りの日に人宿が武家の屋敷に参上して、どのような奉公人が何人必要でしょうかと尋ね、何人もの男女を連れてきた。そのうち気に入った人物がいたら、住所や以前の主人を聞き、扶持や給金を決定し、食事をさせて一日雇用し、女には裁縫や芸をさせて、明日早朝に来るように命じて帰宅させる。これを五日も一〇日も繰り返した後、奉公人の願いによって請状（契約書）を作成した。そこには、奉公人がもし欠落したなら代理を差出し、重大な過失があれば奉公人とともに人宿や請人が処罰を受けるという文言があったという。また男の奉公人に悪事や無礼な失態があれば屋敷で手討ちにし、欠落すれば尋ね出して刀の試し斬りにしたため、一ヵ月に二、三度はどちらかの屋敷で試し斬りが行われ、武家はいつも寝刃《ねたば》を合わせていた。奉公人の侍や中間が成敗されるのは、盗みや欠落とともに、供を怠けたもの、また供の帰りに主人に隠れて主人の馬に乗ったものなどであった。

武家が次第に軟弱となった享保期に、老人が回顧した話であり、誇張もあるが、近世前期の出替り時期の様子や奉公の一端、主な仕事に行列の供があったことを知ることができよう。

生類憐みの令に登場した人宿

初めて幕府の法令に「人宿」という語が見えるのは、貞享四年（一六八七）正月、生類憐《しょうるいあわれ》みの令に関して江戸町中に発布された触書の中である。

惣じて、人宿又は牛馬宿・その外にも、生類煩い重く候らえば、いまだ死せざる内に捨て候ようにあらあら相聞こえ候、右の外不届《ふとどき》の族《やから》これ有るにおいては、急度《きつと》仰せ付けらるべく候、密々にて箇様《かよう》なる儀これ有り候わば、訴人に出ずべし、同類たりというともその科《とが》を許し、御褒美下さるべく候、以上、

人宿や牛馬宿などで、人や牛馬が重態に陥ったとき死亡以前に捨ててしまうことがしばしば行われているようである、と指摘し、このような重罪を犯す者がいたら厳しく処罰するからと、密告を奨励している。近世には、罪の重さに対して「不届」「不埒《ふらち》」「不束《ふつつか》」「不念《ぶねん》」という四種類の語句があり、不届が最も重い罪を指していた。また「急度」は、厳しく・必ずという意味で、急ぐという意味ではなく、「急度仰せ付ける」とは厳重に処罰を加えることである。生類憐みの令は、現在でも悪法と感情的な非難を浴びることが多く、犬の保護が有名だが、全国的には牛馬の保護が中心であり、また人間に対しても捨子や行き倒れ者、牢内の囚人の保護などが盛り込まれていた。中世の庶民が死ぬ前に捨てられたというが、近世に入ると十七世紀中葉から次第に庶民の墓が出来、また寺請制度とともに庶民の家が成長して先祖を供養する家意識が定着したといわれる。ただし流入者や欠落者などを抱えていた人宿は、死ぬ前に放り出してしまい、死んでも寺で供養したり墓に

埋葬したりしなかったのであろうし、せいぜい投げ込み寺に送る程度だったろう。人宿と奉公人の実態を物語る法令である。

さて次第に一季居奉公人、すなわち出替り奉公人が多くなる中で十八世紀前後から、奉公人の質が問題にされるようになった。江戸が一〇〇万都市になったといわれる頃である。人口増大の一因は、流入者が多くなったからであり、彼ら流入者が人宿を通して武家奉公人となっていったのである。のち近世後期に至るまで、人宿の寄子は大半が流入者だった。

欠落する奉公人

町のなかの奉公人

奉公人の質の悪化を幕府の法令が問題にするようになったのは、五代将軍綱吉政権の末期からであり、すでに述べたように、奉公人の不足に知行所の百姓を動員するように命じる一方で、奉公人の欠落《かけおち》を取り締まろうとした宝永五年（一七〇八）からである。

翌宝永六年三月、町奉行所は、人宿《ひとやど》が出替り時期をすぎても長々と牢人を住まわせていたり、人別《にんべつ》もない出稼ぎ人を「出居衆《でいしゅう》」と称して、町の了解も取らずに抱えておくことを禁止した。同五月の町触《まちぶれ》では、人宿のうちに近年「不埒《ふらち》」者が多く、奉公人が請状を出して給金を先払いされても雇い先に引っ越さないで勤めず、奉公してもすぐに欠落してしまうと警告しているが、そこでは、武家が上司や主人に訴えず、人宿にも強く催促できず、結局人宿の不正な利益に繋がっていると指摘している。さらに人宿のなかにも欠落する者が出たり、店の場所を替えて訴訟を免れようとする者がいたりするので、町の差配人である家主《いえぬし》が監視し、給金返済などの紛争を解決するようにと触れている。

人宿の不正と奉公人の欠落・給金の取逃げが問題となるなかで、訴訟の審理に当たった町奉行所では、人宿や身元保証人である人主に弁償させようとし、できないときは財産を没収して入牢や手鎖にして処罰した。しかし、彼らの妻子は路頭に迷い、弁償の肩代わりを命じられた家主や家持・町名主たちが迷惑し、家持のなかには給金の訴訟のため家屋敷を売払って潰れるものまで出現したという。

ちなみに、江戸町方の住民は、「家持」（地主）・「家主」（家守）・「地借」・「店借《たながり》」という階層があった。家持は家屋敷を持つとともに広大な土地を持つものが多く、なかには数町を持つものさえおり、居住する町以外では「地主」と呼ばれていた。また町名主は家持から出た。多くの住民は家持から借地して家を作る地借や、家持の借家や長屋に住む店借だった。店借の中にも、表通りの大店を借りて手広に商売を営む富裕な階層もいたが、住民の大多数は長屋に住む店借であり、奉公人や小商人《こあきんど》、棒手振《ぼてふり》といった零細な行商人、日雇い人足の日用《ひよう》などの下層の住民であった。家主は、家持の所有した土地や借家・長屋を管理し、自身番に詰めるなどして町の行政に携わり、住民の紛争を仲裁する役割を果たした。落語の「大屋さん」がこれである。

人宿組合の設置と廃止

宝永七年、町奉行所は人宿取締りのため、六月に町中の人宿渡世の人数を取り調べ、八月、人宿渡世のもの三九〇人余を三〇人ずつ一三組に分けて組合を結成させ、連帯責任で給金の弁償や欠落奉公人の探索をさせ、武家方なら主人へ、町方なら町奉行所へ連行するように指示し、不正の人宿は組合内部で相談して廃業させることとした。また移転や欠落した人宿があったならば、雇い先へ連絡するように命じ、斡旋料である判賃《はんちん》・飯料の値上げを禁じた。なお、営業ではなく個人的に親類縁者や同郷の者の請人になるのであれば、人宿組合に加入しなくてもよいと規定している。十一月には、組合に辻番請負の者など五人を追加している。先に、赤坂奴・駕籠宿などについて紹介したが、このころには各業種に分かれて、人宿が成立していたのである。

翌宝永八年二月の出替り時期に発布された町触では、人宿の組合が成立したのだから、出替りの奉公に余分な経費はかからないはずだと、人宿に対して判賃・飯料といった通常の世話料のほか、寄子から貪り取ることを禁じている。一方で奉公を望む寄子に対しても、判賃・飯料のほかは出替りの費用がかからないのだから、高望みして給金の値上げを要求してはいけないと諭している。奉公人のうちに、給金値上げを望むものが多かったのであろう。

同月、人宿組合に所属しないで親類や同郷の者を個人的に斡旋する請人について、町奉行所は、欠落の奉公人が最近多いのはこのような請人の寄子であると指摘し、実の親類や同郷でほかに身寄りもない遠国者が江戸に出たならともかく、みだりに請人を引き受けないようにと命じ、寄子を五人以上持って請人になったものは人宿組合に加入するように布告した。やはり、奉公を望むものは地方から江戸に流入する者が多かったのである。

しかし、町奉行所の強い統制は、人宿に過敏な反応をもたらした。翌三月の町触では、奉公を望むものに対する人宿の調査が厳しくなり、疑義があるものに対して請判をせず斡旋しないため、地方から江戸奉公に出てきた者たちが奉公できずに帰郷していると指摘している。町触では、奉公を望む者にそれなりの下請人がいれば、人宿に請判をして奉公を斡旋するように指示している。地方から江戸奉公に出たものの多くが、脛《すね》に何らかの疵《きず》を持ったり、村から欠落《かけおち》した者も多かったと推測できよう。

この町触では、女奉公は組合に限らず誰でも請人が自分の都合で斡旋してよいといっており、江戸奉公のほとんどが男であって人宿が一般的に男を対象としていたこと、さらに江戸が男性の人口が圧倒的に多い男社会で、女奉公人が不足していたことを証明している。かつ、この町触では、町人の手代などを斡旋する場合、親類や同郷のものが請人となると、妨害する人宿がいると警告している。そこから、親類や同郷のものが請人となって奉公するのは一般に武家奉公であり、この町触の冒頭で指摘していた欠落者の多くは武家奉公人であったことが判明する。

人宿組合の結成は、町奉行所の取締りの都合からできたものであったが、成立当初から却って人宿や奉公人たちを混乱させた。こののち、組合がどのように運営されたのかはわからないが、町奉行所は、正徳三年（一七一三）三月、突然人宿組合を廃止し、組合は三年足らずで消滅した。廃止の町触も単独ではなく、屋形船・町駕籠・遊女などの取締りとともに出されており、奉行所として人宿組合を軽視していたことを窺わせる。廃止の理由として、人宿組合を結成して以後、奉公人の給金取逃げや欠落が絶えず、効果がなかったと説明し、今後誰でも確かな請人がいる奉公人なら召抱えることができると触れており、相変わらず奉公人の欠落や給金の持ち逃げに、武家たちは悩まされていたのである。

人宿組合を廃止しても、奉公人の欠落は続き、それにともない武家が人宿や人宿の住む町の家主を相手に給金取戻しの訴訟を起こすことも増加した。正徳四年四月、江戸の町中の名主が集まって、奉行所に訴訟の対策を嘆願した。

相次ぐ奉公人欠落の訴訟

町名主たちは、武家奉公人の訴訟が多くなったのは、いままで武家が人宿・請人を調査して召抱えていたのに、近年には調べもせず召抱えてしまうのが原因と主張する。また零細なものが人宿などとなるので返済能力がなく、訴訟では人宿・請人が居住する町の家主に厳しく返済が求められ、町中の家主が困窮していると嘆いている。名主たちは不埒な人宿などを止めさせ、いままでの奉公人に関する訴訟を受理しないでほしいと嘆願している。

正徳五年十一月、町名主たち一九六人は再度奉公人と人宿の対策を嘆願した。まず、家主などが奉公人の欠落で身代を潰していると訴える。近年質《たち》の悪い人宿の寄子となった徒《か》士《ち》・足軽《あしがる》・中間たちの欠落が多く、給金返済ができずに人宿が借家を追い立てられると、その家主や店請人《たなうけ》（借家の連帯保証人）が人宿の寄子の請人となるようにと、町奉行所から訴訟の審理の過程で命じられるので、見も知らぬ奉公人の請人となってしまう。また奉公人の欠落などで大金を遣うので、人宿も次第に質が低下している。そうかといって、請

図12　天保期江戸城年賀の下馬先（学習院大学図書館蔵『諸大名登城之図』）

右手は内桜田門，中央の屋根が本丸御殿，左手前は蓮池三重櫓．整列している供の後ろで，さまざまな姿態で供人が休み，また他家の供と下馬評を交している．

人がいなければ武家に対して奉公人を提供できないので、結局、家主が請人になって縁も所縁もない寄子を抱え、親密な人間関係を築けないし寄子の世話もできず、さらに奉公人の欠落が増え続ける。そのため請人を引き受けた家主などが弁償や訴訟に追われ財産を潰していくと現状を述べ、奉公人の対策を上申する。

まず、奉公希望者の人物・出所をよく知る下請人もいないのに寄子としたり、欠落者を斡旋するような人宿を、町奉行所で調査・審理して処罰するよう提案している。そうすれば真面目な人宿だけが残るし、不正の人宿は三〇人にも及ぶだろうと主張する。

また近年、「手代・名代」などという闇の斡旋業者が多く存在して、表に出ずに人宿に身元の不確かな人物を紹介していると指摘し、彼ら手代・名代を、住所不定で奉公人の請人にもならず、悪質な奉公人の発生に介在する「悪人の宿なし」であると非難している。これを取締り、せめて町名主が手代・名代を訴えたことを町触で布告すれば、自然と消滅していくだろうと提案している。

さらに、欠落した人宿・人主などに代わって請人となった家主などに対し、奉公人が、武家屋敷の中間部屋の者たちと共謀して、衣類代・小遣い・部屋入銭、果ては寺銭などとさまざまな名目で金を強請《ゆす》っていることを指摘し、これも処罰してほしいと訴えている。

なお家主たちは奉公人の訴訟だけではなく、近年金銭貸借や商品の売買に関する訴訟も多くなって忙殺され、こうした訴訟も一件を数件に分割して損害を減少させようと訴訟が増加していると訴え、家主も困って借家を貸し渋るので、最近借家のうちには空き家も多くなるほどであると嘆いている。悪質な人宿や手代・名代などが、家主だけではなく、武家や家持（地主）、多くの店借の奉公人まで迷惑をかけていると、町名主たちは取締りを嘆願している。

武家奉公人の欠落や狡猾な人宿の存在は、家持・家主といった町の上層の住民にまで大きな影響を与えており、町の運営にもかかわる問題だったのである。またこの嘆願では、人宿と奉公人を仲介する手代・名代といった業者にも注目する。おそらく、江戸に流れて来たり、欠落などで身寄りもなく身元も保証されないような者を、人宿に紹介しており、自らもそのような経歴を持っていたものが多かったに違いない。だからこそ、請人などとして表面に出ることはなかったのだろう。かつ奉公人たちも仲間の連帯を持ち、家主など素人の請人からさまざまな名目で給金以外に金を強請っていた。ことに大きな武家屋敷で中間部屋などがあるところでは、長く奉公しているものに、新入りが「部屋入銭」といった礼銭を出さなければならず、部屋の中でも階層差ができ、それに伴う金銭等の提出の習慣が形成されていたのである。それだけでなく要求に「寺銭」まで含まれているのは、中間部屋で博奕《ばくち》が行われ、その費用を奉公人が堂々と請求するという状況を物語っており、ここから奉公人の質が窺えるだろう。

町名主たちの願いを町奉行所がどこまで聞き入れたのかは不明であり、嘆願が町触に反映された様子はない。人宿組合の廃止は、奉公人の給金取逃げや欠落が減少しなかったことが原因の一つであったが、廃止によって問題はさらに激化したのである。

人宿組合の結成

正徳六年（一七一六）に七代将軍家継が死去し、紀州藩主徳川吉宗《よしむね》が宗家を継承して八代将軍となり、武家奉公人の問題は享保改革に持ち込まれた。

解決できない奉公人の欠落

享保改革の特徴の一つである相対済令《あいたいすましれい》が出され、今後借金や商品の売買に関する訴訟は奉行所では受理しないと布告されたのは、享保四年（一七一九）十一月であるが、その三ヵ月前の八月、奉公人欠落や給金取逃げについての触書が出された。そこでは、武家方から訴えがあれば、奉行所では直ちに取逃げの給金弁償を人宿《ひとやど》など請人に命じることを定め、欠落奉公人の捜索も三〇日を限って請人に命じ、発見できなければ罰金を科す規定し、請人が欠落したり処罰された場合には、代わりの請人に家主がなる必要はなく、主人と奉公人が直接話し合って決めるようにせよなどと、従来より人宿の責任を重くし、家主など町方の負担を軽くするものだった。

享保八年十一月、江戸町年寄が奉公人の欠落を防止する方法はないかと町名主に諮問したとき、町名主は、欠落の奉公人は大勢いるので方法はないと答えている。ただし、欠落の寄子が多い人宿を厳重に取り調べ、そのような人宿を町名主の訴えにより廃業させ、また武家屋敷において中間部屋を取り締まって博奕《ばくち》を禁止し、もし欠落があって看板（制服の法被《はっぴ》）などが持ち逃げされても、武家屋敷の中で中間たちを取り締まる侍が責任を持って弁償するような制度ができれば、侍の中間に対する統制が強くなり、自然と欠落が減るだろうと提案している。

享保十年六月には、町奉行大岡忠相《おおおかただすけ》も諮問した。天神下同朋町の名主は、同町の人宿の寄子が欠落し小伝馬町の旅人宿に一泊した後、宿の手代を介して松枝町の人宿に駆け込んだ例を掲げ、旅人宿が欠落者を宿泊させることを触書では厳しく禁止すれば、欠落した奉公人も結局は元の人宿に戻らざるをえず、欠落が減少すると提案している。同じく七月には、御数寄屋町の名主十右衛門が、旅人宿への欠落者宿泊禁止に賛成しながらも、旅人宿の取締りを性急に強化すると無宿者が出る可能性があると危惧を唱えた。彼は、悪質な新規の人宿の中には一人の奉公人を二ヵ所の屋敷に勤めさせたりする者もおり、中間部屋の博奕が欠落を発生させているだけではなく、欠落者を他の中間部屋に匿《かくま》っていると指摘している。

改革を提案する名主

享保十二年閏正月、江戸御数寄屋町の名主十右衛門は再度上申書を以下のように提出した。奉公人は以前には指南役の「寄親」が屋敷の中にいて面倒を見たため、欠落は少なく、給金が少なくとも足軽は小細工、中間は草履作りなどの内職をしながら真面目に勤務していた。次第に奉公人の身持ちが悪くなり、酒や博奕を覚えたため欠落も多くなり、人宿たちも難儀している。武家も慈悲深くなって、以前は成敗していたのに近年は給金さえ戻れば何の処分もしなくなったから、奉公人は欠落をなんとも思っていない。酒で失態したり看板を紛失したりすると奉公人は人宿に駆け込み、借金を申し入れ、断ると欠落してやると逆らい、叱りつけると本当に欠落する者もいる。人宿も三月の出替り時期から夏までは金があるが、秋冬には資金が不足し欠落の代わりも出せなくなり、結局旅人宿に行って身元も知れない宿泊者を募って奉公人に差し出すこととなり、不正に荷担してしまう。

さらに上申書では、古来から人宿の寄子は徒士・足軽以下の渡り奉公人であると指摘するとともに、親類縁者や同郷のものを五人から七人程度奉公に斡旋し、請人となるような素人の宿も多いが、これらの奉公人からは欠落は少ないといい、彼らを強く統制すると無宿を増大させると警告して、素人宿の統制には反対する。しかし、新たな人宿の多くは、かつて人宿に勤めて主人の代理をしたり、中間部屋などで部屋頭を勤め、その後店を持って人宿を営業した者たちであり、一〇人・二〇人程度の寄子では営業もできず、ほかの寄子を引き抜いたり、欠落者と知りながら寄子にして奉公を斡旋するので、ついには欠落者

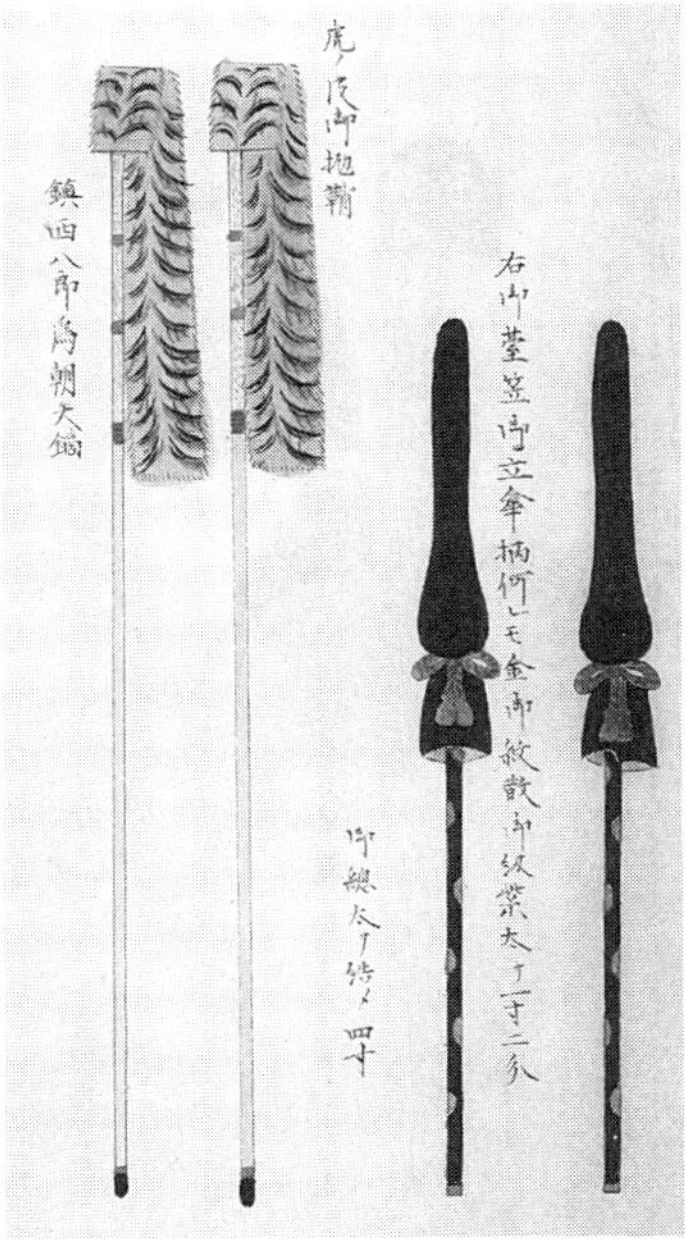

図13　将軍の行列の長柄「虎皮の抛鞘《なげざや》」(國學院大學図書館蔵『要筐弁志』)

将軍の行列には，虎皮の抛鞘の長柄50本が並んだ．図の右は，立傘．

が増え、新規の人宿が給金などの訴訟で財産を没収されたりすると述べている。

十右衛門は現状を以上のように論じて、対策として、江戸町中で数年人宿を営業している者を組合に編成し、二〇人ほどで一組とし、一組に二人ずつ行事を定めて取締りを強化するように進言した。

ただし、翌享保十三年四月には六五年ぶりに日光社参が実施され、将軍吉宗が御三家や諸大名・幕臣を率いて日光御成《おなり》街道を通って東照宮《とうしょうぐう》に参拝した。動員された大名・幕臣は、それぞれが軍役人数の半分の規模で軍勢を編成し行列を組んだ。四月十三日に江戸城を出立した吉宗の本隊だけで、人数は数万に上るはずであり、おそらくその大半は巻頭に述べた行列のように渡り奉公人で構成されていたはずである。留守中の江戸は特別の警備体制がしかれ、吉宗が途中宿泊する岩槻・古河《こが》・宇都宮の各城も厳重な警備がなされ、日光の周囲も譜代大名七名が合わせて一万以上の人数で警備した。このため前年から幕臣には奉公人の確保を命じており、大名たちも家臣に同様に指示したから、奉公人は不足し給金は高騰した。武家は奉公人の確保が問題で取締りどころではなかったろう。ちなみに、最も動員されたのは、行列の荷物を運ぶため、関東中の村々から徴発され宿駅や街道で働いた百姓と馬だったのである。

ふたたび人宿組合を結成

日光社参の喧騒が落ち着いた享保十四年十月、町年寄は町中の名主に人宿のうち不埒の行為がなく人柄がよいものを調査して、名前を書類で提出するように命じた。ついで翌十五年二月、北町奉行所へ町名主と人宿二〇二人を呼び出し、南町奉行も立合の上、人宿組合を結成させたのである。

申渡しには、奉公人の給金取逃げや欠落など「不届」が多いのは結局人宿が「不埒」だからであると厳しく叱り、今後奉公人が出替りの時の費用を多く掛けないようにし、人宿も請状を作成するときに余計な礼銭などを取らず、新規に奉公するときも「部屋入」などという新参の振舞いを停止させるよう指示し、これを部屋頭にも人宿から連絡するように命じた。また米直段《ねだん》が下落しているので給金も値下げするように命じ、人宿を三、四十人ずつ組合として編成するので、組合ごとに相互に監視するよう通達している。ただし四、五人程度の親類や同郷のものの請人は、組合に加入する必要はなかった。

二月二十日には、再吟味《ぎんみ》の上、人宿若干を追加して組合を一一組に編成する町触が出され、以後新規の加入を認めないこととした。

この組合の結成を審議していた幕府は、享保十四年十二月には結成と同時に布告する給金の定を次のように作成している。

一　並徒《なみかち》之者《のもの》　給金壱両三歩より弐両まで　（別書に「給金弐両より三両」）
一　同足軽　同弐両弐歩より弐両三歩まで　（同「金弐両より弐両壱分」）
一　同鑓持《やりもち》　同壱両三歩より弐両まで
一　陸尺《ろくしやく》　同壱両弐歩より弐両三歩まで
一　同口附《くちつき》之者《のもの》　同壱両三歩より弐両まで
一　同草履取　右同断
一　同挟箱持　右同断
一　同中間《ちゆうげん》　同壱両壱歩より壱両弐歩まで
一　同端女《はしため》　同壱両より壱両弐歩まで

この給金の定めは、『市中取締類集』に掲載され、老中に提出した「御触書案」とあり、現実の給金より値下げした案と見るべきであろう。この案が実際に布告されたか否かは不明であるが、同書に併記されている他の案一通には、括弧《かっこ》で示したとおり徒と足軽だけであるが別の数値が記されている。徒と足軽のどちらの給金が高いのか、身分の高い徒が高いのが常識であろうが、この定めは反対となっており、括弧内の他案一通は徒の給金が高い。そのような意味で、給金の高下をどの程度実態と見るのは問題だが、少なくとも当時鎗持・陸尺・馬の口付・草履取《ぞうりとり》・挟箱持《はさみばこ》が一般の中間とは違う特殊な技能と見られており、それぞれに奉公人が分かれ、給金の差があったことは確かめられよう。この数値を見ると、陸尺の老練な者が最も高額であり、鎗持・馬の口付・草履取・挟箱が同額である。後述するが、陸尺は長身なものほど給金が高額だったようである。ただし、陸尺は駕籠宿と呼ばれた口入屋に所属しており、この時期に駕籠宿は人宿組合に加入していなかった。なお、給金の定め案では、下女である端女の給金も記され、興味深い。

『市中取締類集』は、近世後期の天保十二年（一八四一）町奉行所に設置された市中取締掛が、天保改革のなかで市中の風俗・物価・商業・人別などを取り締まるために作成した記録であり、探索書や町奉行の上書などのほかに過去の政策についての記録や触書が掲載されており、引用した記録もその一つである。

荻生徂徠の奉公人批判と制度の矛盾

近世最高の碩学《せきがく》の一人荻生徂徠《おぎゅうそらい》が、享保十一、二年頃に将軍吉宗に建策した『政談』では、奉公人たちの博奕と欠落、人宿の存在が奉公人の質の悪化に繋がっていると指摘し、四、五十年前は若党の給金が二両、中間が三分から一両、針仕事などをする女中が一両、下女は一、二分だったのが、今は若党が安くて三両二、三分、中間は二両一、二分から三両以上、女中も三、四両、下女は二両と値上がりしたと嘆いている。先の触書案と比べると『政談』がやや高くなっており、現実にはこの程度の給金だったのであろう。

一方で徂徠は、出替り奉公人は質が悪くとも一年だけなので武家としては我慢できる。また都合の悪いことがあれば、人宿や請人に返してしまえば、その費用もかからない。毎年奉公人を替えると新たな気分になれる。また出替り奉公人を経験しているものは、世慣れしているので、供に使うのには気が利いて便利でよいとも論じている。徂徠自身、柳沢吉保に仕えた経験があり、どのように批判しようとも、自分の屋敷の奉公人や供廻りを揃えたときには、出替り奉公人を遣わざるをえなかったはずである。

組合が結成された五ヵ月後の享保十五年七月、南町奉行大岡忠相は人宿の住む町々の名主を呼び出し、組合の中に不正な行事がいるから紛争がおきていると指摘し、今年は容赦するが、来年からは処罰もあるから取り締まるように申渡しており、組合結成が問題の解決には至らなかったことを窺わせる。享保十七年正月の町触では、ちかごろ未熟な人宿が多く、以前からの触書の趣旨を忘れていると叱りつけ、同年二月には、素人が請人となる場合は親類に限り、斡旋する奉公人は一〇人未満にせよと布告している。

元文二年（一七三七）十二月、組合の人宿が訴訟で処罰された場合、弁償金を組合全体で負担する処置が免除されたとき、組合一一組の年行事《ねんぎょうじ》が連判して南北町奉行に誓約書を提出しているが、年行事一一人ともすべて店借《たながり》であり、家持・家主という上層の住民は含まれていなかった。少なくとも人宿を代表する世話役の中に、由緒ある町人や町の運営にかかわるような階層はいなかったのであり、二〇〇人以上の組合人宿もおそらくほとんどが店借層だったと考えられる。町の人口が拡大し下層の住民が増大して階層格差が拡がる中で、下層の住民を斡旋する人宿の立場と、反対に彼らを危惧する町名主・家持・家主などの態度は納得できる。一方で翌年正月、人宿組合一一組は、組合に所属しない素人の人宿が実際には広く営業し、さまざまな紛争が起っていると指摘し、素人の請人が作成する請状に、人宿か家主が加判して加判銭を取り立て、訴訟の弁償金などとして蓄えるよう提案した。しかし、町名主たちは必要を認めずに却下している。

以上から、享保期の武家奉公人について、武家方からすれば、奉公人の質の悪化と欠落などによる給金の取逃げ、給金の高騰が問題であり、町を運営する家持・家主層は、奉公人の欠落・取逃げの訴訟により迷惑を受け、破産する者さえ出るほど大きな影響を受けていたのである。かつ、流入民や欠落者が武家奉公人になっており、江戸の町にとっては、治安や住民の階層構成の変化にかかわる問題ともなっていたのである。

一方で、武家奉公人の内部でも、中間部屋の中で部屋頭が生まれ、武家屋敷の内部ということから、治外法権的な存在となり、町奉行所や人宿も手が出せなかった。そこでは、新規に奉公するのに「部屋入」などの振舞いが強制され、部屋の中では博奕が行われ、それに負けた中間が駆け落ちするなど、次第に弊害が顕在化してきたのである。

「がさつ」な奉公人の出現

享保期の浪人と帯刀人

ところで江戸に住んで徒《かち》や若党となった浪人たちは、どうしていたのだろう。享保六年（一七二一）六月、町に住んでいる浪人で、侍奉公をやめた後に商売をしながら帯刀《たいとう》している者や、町人で帯刀のものの調査を、町年寄が名主に命じたとき、担当の名主は次のように答えた。

地方から出て侍奉公したものが浪人したとき、もう一度侍奉公を望むものは、町人の親類や親しいものなどの家に寄食していても刀を差しているが、奉公を止めて町人になったものは帯刀をやめている。さらに若党について次のように記している。

一若党などに雇われ候者、常々は日用取または商い仕《つかまつ》り罷《まか》り有り、武士方より雇わ

れ候節ばかり刀帯び申す儀に御座候、

若党に雇われたものが、平生は日雇いの人足か商売をしているというのである。商売といっても店舗を持つようなものではなく、棒手振《ぼてふり》という零細な行商人などであろう。おそらく外出の供連《ともづれ》にだけ雇用され、そのときに帯刀するような日雇いの若党たちが多く、昨日は荷物を担いで町を流していた行商の物売りが、今日は羽織袴で両刀を帯び、髷《まげ》も侍風に結い袴の股立ちをとって侍の供をしている、という手合いが珍しくなかったのである。

また江戸城の各門は譜代大名が家臣を派遣して警備を担当したが、ここで使用される足軽や中間《ちゅうげん》も日雇い・月雇いが多かった。そのうちに「下座見《げざみ》」という足軽がおり、門を通過する諸大名や幕臣の行列を遠くから見て、鎗《やり》や行列の姿から誰かを見分け、身分・役職にしたがって番の侍・中間たちに応対や下座の注意を与えた役であり、大名・幕臣の所領や石高、役職・家紋・鎗・行列などの生き字引であった。この下座見も雇われたものであり、町名主の調査では、平生は刀を差さずにほかの稼ぎで生活し、下座見として雇われたときだけ刀を差したという。

ほかに町名主の調査では、町の料理人が伝奏《てんそう》屋敷や武家の屋敷に呼ばれたときには大小二本を差し、江戸城に参上するときには脇差だけを差したという。また、帯刀の町人の例として深川久右衛門町にいる大和十津川の東惣治郎を掲げ、彼が由緒を持って扶持を賜り、幕府の炭の御用を承っているが、このような類は調査を重ねれば多くなるだろうと上申している。

雇いの奉公人たちが、若党とはいえ都市下層民である日用・棒手振と同一であった。浪人の多くも、同様なその日暮しの生活を送っていたと見ることができる。いわば都市の下層民に支えられて武家社会が成り立っていたのである。

二ヵ月後の閏七月、幕府は諸国の村々に諸商売や新規の祠堂建立を禁止するとともに、百姓の子供が侍奉公に出て、帰郷後も刀を差すことを禁止しているが、これは江戸で武家奉公をしたものが帰郷した場合も想定されていたのだろう。武家奉公人は、流動的な存在であり、だからこそ都市の底辺で賄われていたのである。

そのような階層が出替り奉公人となれば、当然主従関係の強い絆《きずな》という武家社会の結合の理念は、下から崩壊する。先に引用した享保期の老人の回顧談『むかしむかし物語』で不届きの奉公人の手討ちがなくなったと論じていたり、荻生徂徠《おぎゅうそらい》が『政談』で奉公人が欠落しても給金さえ戻れば処罰もしないと武家の軟弱さを嘆いたり、享保十二年閏正月、江戸御数寄屋町の名主十右衛門が提出した人

武家を軽んじる奉公人

宿取締の上申書で、『政談』と同様の欠落に対する武家の態度が指摘されたりするように、武家は奉公人の放埒な態度を統制できなくなってきたのである。それは、奉公人が主人を軽んじる態度にも繋がっていく。そして中間たちは、仲間独自の世界を武家屋敷の内部に作り出すことにもなる。町触などで指摘されていた中間部屋のなかで、新参者が「部屋入」の振舞いを強要されたり、部屋頭や部屋子などという階層ができ、部屋頭が欠落者などを匿《かくま》って部屋子としたり、部屋の中で博奕《ばくち》が行われ、負けた奉公人が欠落するという状況を作り出した。

享保六年八月、小十人《こじゅうにん》組二〇〇俵の荻原弥右衛門の中間部屋で、中間たちが仲間を呼び込んで博奕をしていた。気がついた弥右衛門が息子と中間部屋に行くと、中間たちは灯を消し暗がりに紛れて逃げ出した。息子が刀を抜いて逃げるものに斬りつけ、あるいは捕えて多数の死傷者と捕縛者が出た。他の屋敷の中間らまで殺傷・捕縛したため、荻原が頭を通じてこれを報告すると、幕府は生き残った中間らを死罪にし、今後屋敷でこのようなことが起れば、遠慮なく切り捨てるようにと幕臣に命じている。荻原のような硬骨漢は珍しく、多くの幕臣は見て見ぬ振りをしていたのであろう。

奉公人が武家を軽んじるこのような傾向は、行列にも表われた。享保十七年十二月、幕府は次の触書を布告した。

御城内外召し連れ候供廻りの儀、享保三戌四月あい触れ候とおり、いよいよこれをあい守らるべし、惣体の風俗目立ち申さざるように作法よろしく申しつけ、道をも互いに片付け、通りの障りに罷り成らざるよう申しつけらるべく候、近来は供廻りがさつ成るもこれ有る由、あい聞こえ候につき申し達し候、

享保三年四月の触書とは、元禄十二年（一六九九）に出された下馬・下乗・本丸までの召連れ人数の規定と同様である。大名・幕臣の中に、規定の人数より多い供連れで城内に入るものが出てきたことが判明するが、注目されるのは後半の文言である。供廻りの衣装など異様な風体のものがまた増えており、不作法で無礼な供も多くなり、行列が交差するときにぶつかって口論するなど、周囲の通行の邪魔になるような行列も出てきたのである。それは近来、供廻りのうちに「がさつ」なものが出てきたためであると指摘し、取締りを喚起しているのである。

がさつ

がさつとは、「我拶《がさつ》」「苛察《がさつ》」「重頭《がさつ》」などと書き、言動が粗暴でぞんざいなさま、不作法なさまをいい、幕末に出版された日本最初の和英辞典、ヘボンの『和英語林集成』には、粗末、荒々しい、粗忽と同義語とある。粗野で放埒、身分

の上のものにも下のものにも迷惑をかけ、周囲から嫌悪の目で見られても平然とするような態度である。行列の中でがさつなものがどこにいるのか。巻頭で説明した行列を思い出していただきたい。行列の大半は主君から知行や切米《きりまい》を給付された上中級の家臣ではなく武家奉公人であり、それも徒士・若党・陸尺・中間など人宿から派遣された奉公人たちであった。行列のなかでがさつなのは、当然この武家奉公人たちなのである。以後、武家奉公人の取締りに、「がさつ」という語が頻繁に登場する。かれらの粗暴で放埒な行動が、どのようにして武家の行列を変えていくのかが、次の時期の大きな課題となっていく。

十七世紀後半に成立した『雑兵物語』では、下々を侮ってわめき立てる侍を、奉公人たちが「がさつは臆病のはな」と言ってあざ笑っていた。十八世紀中葉以降、奉公人たちの「がさつ」を侍が恐れるようになったのである。

行列を飾るがさつな供廻り

供廻りの放埒と大名格式の混乱

奉公人たちの横暴

市村座に陸尺が殴りこみ

寛保二年（一七四二）、江戸市村座の芝居小屋では、瀬川菊之丞の「石橋《しやっきょう》」と市村宇左衛門の「富士見西行」が大当たりと評判になっていた。六月十三日、この市村座に信濃松本藩（六万石）松平光慈《みつちか》の陸尺《ろくしゃく》二人が来て、無銭で入ろうとし口論になった。陸尺は一度引き揚げたが、午後に二〇人ばかりで押しかけ、今度は小屋のものと大喧嘩になった。後に木戸番はじめ番付などを売る札売りや半畳売り（見物席の平土間で使う半畳の莫蓙《ござ》を貸し出す）・きせる売りなどが処罰されているところを見ると、芝居小屋側で乱闘に加わったのは、彼らであろう。乱闘で怪我人も出る始末だったが、仲裁する者が出てこの場は治まった。

しかし、ほかの陸尺も騒ぎ立てて、南鍛冶町の陸尺頭安五郎から江戸中に触れが廻され、武家屋敷の陸尺一ヵ所に一、二人の割り当てで動員がかかっていた。事件から三日後の十六日午前中、狂言が始まったばかりの市村座に、陸尺百七、八十人が押し寄せた。彼らのうち四、五人は抜き身をかざして、手向かいする者は斬ると叫び、木戸を打ち壊し、表にいた米搗《こめつ》きの杵を奪って小屋を叩き壊し、表の看板や幕などを奪って去っていった。陸尺は長身で体格がよい男たちばかりであり、彼らの破壊は凄まじかったろう。陸尺たちは鍛冶橋外の酒屋に入って勝利の酒を祝い、奪った物を分け合って解散したという。

このため市村座は九月まで休業を余儀なくされた。さすがに陸尺の口入である駕籠宿も奉行所に訴えたようである。幕府は大名幕臣に騒ぎに荷担した陸尺を捕えて提出するよう厳しく申渡し、町奉行所は捕り方を派遣して、陸尺や喧嘩に加わったものを捕えていった。陸尺七三人が入牢し、きせる売り・半畳売り・札売りなど七八人が手鎖となった。七月に判決が出て、陸尺のうち安五郎始め五人が遠島、三人が重追放、一四人が中追放、八人が軽追放、二三人が江戸払いとなり、きせる売り四人・半畳売り三人・札売り三人が軽追放に処せられた。木戸番一七人は過料、座元の市村宇左衛門は戸〆《とじめ》を命じられている。

首謀者は幕閣の雇い陸尺

このとき処罰された陸尺は、下総佐倉（六万石）松平乗邑《のりさと》、乗邑の子松平乗佑《のりすけ》、遠江浜松《とうとうみ》（七万石）松平信祝《のぶとき》、信祝の子松平信復《のぶなお》、上野安中《こうずけ》（一万五〇〇〇石）板倉勝清、三河刈谷（五万石）本多忠良、伊勢神戸（一万石）本多忠統《ただむね》、駿河田中（四万石）本多正珍《まさよし》、陸奥磐城平《むついわきたいら》（六万五〇〇〇石）安藤信《のぶ》尹《ただ》、武蔵川越（六万石）秋元凉朝《すけとも》、播磨国内（三万五〇〇〇石）土岐頼稔《よりとし》、日向延岡（八万石）牧野貞通、安芸広島（四二万六〇〇〇石）浅野吉長、三河岡崎（六万石）水野忠辰、伊勢亀山（五万石）板倉勝澄、越後新発田（五万石）溝口直温《なおあつ》、駿府城代（六〇〇〇石）松平康郷《やすくに》、出羽鶴岡（一四万石）酒井忠寄《ただより》ら一八名の大名・幕臣と、信濃上田（五万八〇〇〇石）松平忠愛《ただざね》の元陸尺であった。

このうち松平乗邑・松平信祝・本多忠良は老中、土岐頼稔はこの月に京都所司代から老中に就任したばかり、本多忠統・板倉勝清は若年寄、牧野貞通も寺社奉行から京都所司代に転任したばかり、松平忠愛の父忠周は元京都所司代・老中を歴任し、本多正珍・秋元凉朝は後に老中に昇進するなど、幕閣となる大名の陸尺が多い。幕閣の乗物を担いで、肩で風を切って他の行列を横柄に見下していた連中が、このような騒ぎを起こしたのである。下々の階層が、同等の者やさらに下の者を差別するという差別の重層化を再生する身分制

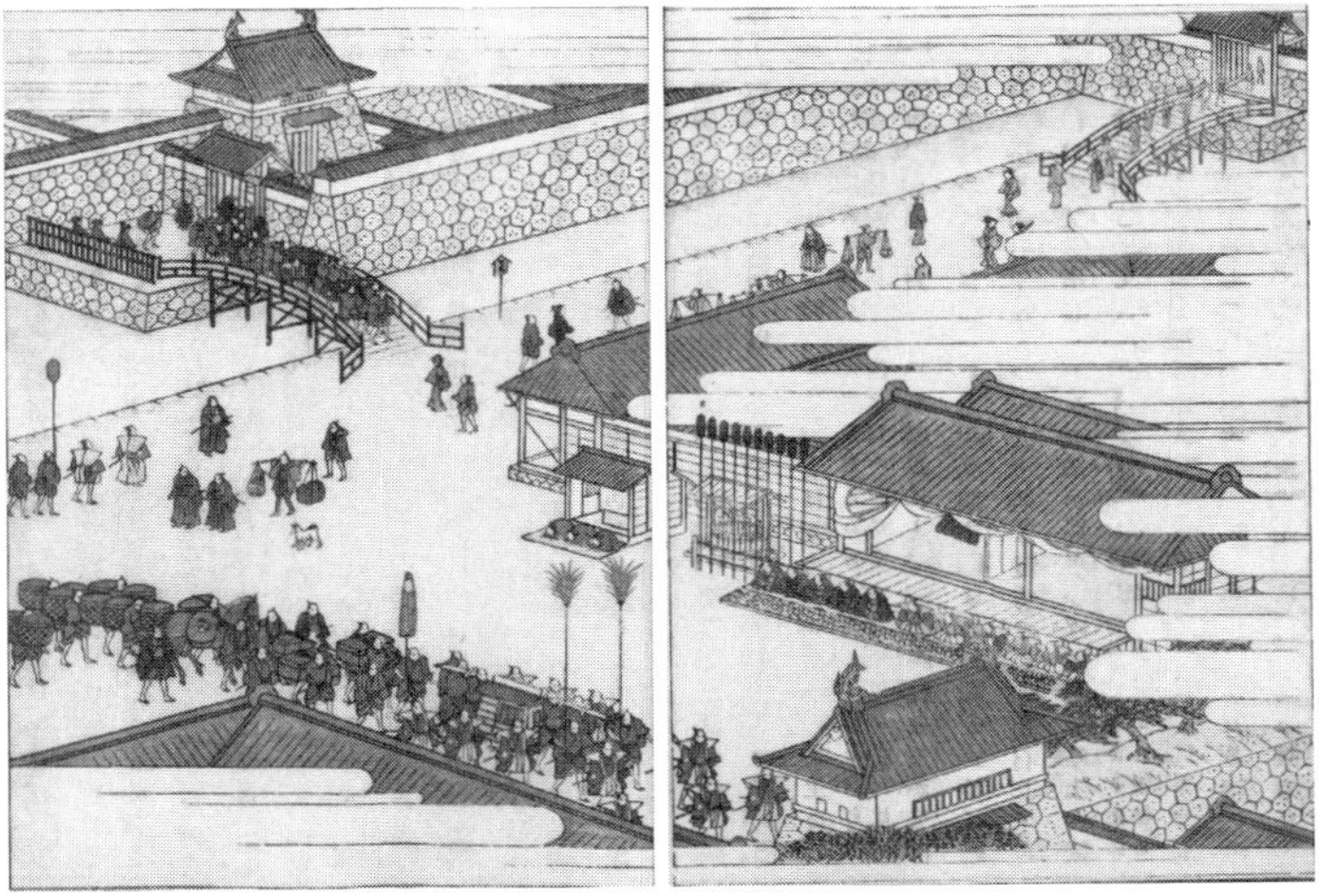

図14　一ツ橋門老中通行下座の図（『徳川盛世録』）
老中の行列には門番一同が下座した.

度の構造が、「がさつ」を助長させていたのである。なお事件後、老中松平乗邑の三男弥三郎が首謀者という風説が流布したというが、勝手掛老中として享保改革に辣腕を振るい、その後改革の非難を一身に浴びて罷免・処罰された乗邑に対する中傷かもしれない。

七月、幕府は、駕籠宿がこの事件を放置したことを戒告するとともに、駕籠宿を人宿組合に編入するよう命じた。また陸尺たちが仲間で団結し、仲間以外の陸尺にさまざま陰湿なイジメを加えていたことを指摘し、禁止するとともに人宿にも注意を促した。さらに陸尺の給金が高額であるとして、値下げを命じたのである。

なお同年には、赤坂奴とよばれた鎗持・挟箱《はさみばこ》持などの手廻りが、髪型や衣装を独特の伊達風に調えることが禁止されている。

陸尺の市村座襲撃事件は、陸尺たちが江戸中の各武家屋敷を横断して結合し、それだけ主人を軽視していたことを窺わせるとともに、行列の間だけではなく町中でがさつな行為を繰り返していたことを物語っていた。町の住民こそ真の被害者だったのであるが、その武家奉公人が居住していたのも町々なのであった。

十八世紀中葉から幕末にいたるまで、幕府が奉公人に対する取締として最も注意を払ったのが、このようながさつな行為である。

無責任な武家・連帯する陸尺

寛延三年（一七五〇）年七月、町奉行は人宿《ひとやど》や請人に対し、供廻りの徒士や中間が異様な風体で不作法となり、特にがさつであると戒告し、髪型や衣装・作法を正しい姿にし、ことに横柄な態度を取る奴たちが供の途中で口論したり悪口雑言を吐いたりする者がいるから、今後そのようなものは厳しい処罰が下ることを周知させるように命じている。また粗野で放埒な奉公人を召使う武家に対しては、人宿などが武家にがさつ取締りの町奉行所の申渡しを伝えるようにと指示し

図15　下馬先の混乱（渡辺崋山『一掃百態』）

ている。さらにがさつな奉公人を斡旋すれば、奉公人とともに人宿・請人を処罰すると申渡している。

　おかしな法令である。本来、がさつな奉公人を処罰し取り締まるのは、召使う武家の責任である。この申渡しは、責任を斡旋する人宿などや奉公人に押し付けて、武家の責任を問わないのである。それだけ武家が軟弱となり、自らでは奉公人の取締りもできず、無責任になったということであり、十八世紀後半のいわゆる宝暦・天明期（一七五一～八九）の社会状況を映し出しているようである。

　この申渡しは、続いて陸尺の横暴に

も言及している。人宿から斡旋された「江戸抱《かかえ》」の陸尺が仲間同士でもたれあい、大名幕臣などが領国や知行所で召抱えて江戸屋敷に連れてきた「国者《くにもの》」の陸尺が担ぐ乗物の通行を邪魔しているというのである。老中の門前が挨拶の大名幕臣の乗物で込み合うときなど、江戸抱の担ぐ乗物を門前に並べて、国者の乗物が門内に入れないようにしたり、国者に向かって悪態をついたりと、子供の意地悪にも似た（でも現在でも大人が堂々とやっているが）稚気な行為を重ねているので、行儀よく整列させ、乗物が門前まで入れるように陸尺に人宿などが厳しく申しつけよと命じて、違反者は今後処罰すると申渡している。これも人宿などに責任を転嫁しており、武家は無関係である。

人宿の寄子である江戸抱えの陸尺が、仲間を作り強い連帯感を持っていたことは、市村座の事件からも窺えるが、以後江戸抱えの陸尺が国者の陸尺を妨害する姿は、近世後期まで法令でたびたび禁止されており、以後も続いたのである。

同じく寛延三年七月、幕府は、出雲松江藩（一八万六〇〇〇石）松平出羽守宗衍《むねのぶ》・越後糸魚川《いといがわ》藩（一万石）松平福次郎堅房《かたふさ》・信濃上田藩（五万三〇〇〇石）松平伊賀守忠順《ただより》・安房勝山藩（一万二〇〇〇石）酒井大和守忠大《ただもと》と幕臣寄合席の屋代甚三郎（三〇〇〇俵）・渡辺城之進（五〇〇〇石）の行列がとくにがさつで、通行中に他の行列と行き逢っても片寄ることもないと指摘し、大名には老中を通じ、寄合には若年寄を通じてそれぞれに注意を与えている。

こののちも、人宿に対する取締りと責任転嫁は長く続く。宝暦三年（一七五三）十二月の町奉行の人宿あて申渡しでは、人宿組合が結成され二〇年近くも立ち、人宿のなかで交代した者も多く、新規加入者も出て、結成当時の趣旨も次第に等閑《なおざり》となり、近年には不埒な人宿も多くなったと指摘し、組合が取締りを強化し、不埒な人宿を訴えるよう命じた。翌宝暦四年二月にも、欠落奉公人が絶えないので粗悪な人宿を奉行所に訴えるよう命じ、素人宿の取り締りと奉公人の身元の確認を指示している。

宝暦五年二月の出替り時期には、不埒の人宿を平生から町名主・家主が監視するようにと、町奉行が申渡した。宝暦六年二月にも、徒士・陸尺・中間が粗野で横暴なのは、人宿などの責任であり、今後奉公人・人宿共に処罰するが、このような事態を招いたのは町名主や家主が不取締りのためであり、今後不埒な人宿がいれば、町名主・家主などもともに処罰すると、町奉行が申し達している。一方で、宝暦九年八月には、人宿組合一一組の年行事・月行事二二人が町奉行に嘆願書を出し、奉行所の厳しい通達のお蔭で欠落も減少し、まったく「御威光」の賜物と感謝していると、皮肉に聞こえる文言を並べながら、奉行所へ訴える欠落の手続の簡素化を願っているが、そこには、武家屋敷の中に門限が暮六つ（日没時）という厳しい屋敷があるため、奉公人が外出から少しでも遅れると欠落となってしまうと、欠落の原因を武家屋敷の厳格な取締りに責任を転嫁しようとする意図も見られる。しかし、中間部屋で客を引き入れ博奕《ばくち》をしている屋敷も多いなかで、これが欠落の主たる原因ではなかったろう。かえって武家の一部では、厳格に奉公人を取り締まっていたことが判明する。

渡り奉公人を雇う大名・幕臣

忍藩阿部家の渡り者

徳川家光・家綱政権で活躍した老中阿部忠秋の家は、二代正能《まさよし》、三代正武、四代正喬《まさたか》、五代正允《まさちか》と続いて老中を歴任するなど江戸時代を通じて最も老中を多く輩出したが、正允の時代、武蔵忍《おし》一〇万石であった宝暦期（一七五一～六四）、供連れの構成と渡り奉公人の雇用は次のようであった。

一拾万石以上御供連れ、士分廿弐、三人ニ過ぐべからずと兼々御達しこれあり、宝暦年中御供連れ左の通り、

殿様御供連れ左の通り、　　正允様御代

一御徒頭　　壱人　　一御側供　　壱人

一御小納戸　壱人　　一御近習　壱人
一御中小性　六人　　一御徒組頭　壱人
一御徒目付　壱人　　一八人者　弐人
一御徒士　九人
　右侍分　廿三人
一押　五人　　一御陸尺　八人
一御鑓持　四人　　一御挟箱持・御蓑箱共　四人
一御草り取　弐人　　一口付　弐人
一沓箱持　壱人　　一合羽籠持　拾九人
　右合　四拾五人

（学習院大学史料館　阿部家文書『温古録』一）

宝暦期における阿部家の登城や外出の行列は、侍二三人、足軽・陸尺《ろくしゃく》・中間など四九人と、口付がいるので馬が一匹、合わせて八二人という構成であった。侍のうち「八人者」とは、初代忠秋の時代に反抗した家臣を上意射ちにしたとき、討死した八人の足軽の子孫であり、徒士《かち》上席の家柄として遇された家である。徒士も侍のうちに含まれているが、俸禄は金であり、雇いに近い存在である。この史料には続いて次の記載がある。

支配方人高の覚
一組頭　八両高　三人
一御徒目付　六両高　九人
一八人者　六両高　六人
一御譜代御徒士　五両高　拾五人
一御表渡り御徒士　拾八人　内町役壱人
一麻布渡り御徒士　拾人　内町役壱人
都合　六拾壱人
一押足軽　八人　内部屋頭壱人
一若殿様押さえ足軽　五人
一御表御陸尺・御手廻りの覚
一御六尺拾壱人　八人渡り者　三人御国者　内部屋頭壱人
但、看板五度渡し
正月袷《あわせ》　上巳《じょうし》単物《ひとえもの》　端午帷子《かたびら》　八朔単物　十月朔日袷

一御鑓持六人　内壱人部屋頭　渡り者
一御挟箱持六人　内壱人部屋頭　渡り者
一御草履取四人　内壱人部屋頭　渡り者
右看板両度渡し　袷壱ツ　麻壱ツ

「支配方人高の覚」は、行列に供する徒士・足軽の人数であり、ここから交代で供廻りに加わったと見られる。この徒士の内に譜代・表渡り徒士・麻布渡り徒士と三種類があり、表徒士四三人のうち約三分の二に当たる二八人が渡り者であることは注目される。なお、表は増上寺切通しの上屋敷、麻布は中屋敷を指しており、各屋敷に徒士がいたのである。陸尺・手廻りには、看板すなわち制服の法被《はつぴ》を数度渡しており、これを着用して藩主の乗物を担ぎ鎗や挟箱《はさみばこ》を持って行列に加わったのである。

藩主の廻りが渡り者で占有

阿部家の家臣団構成を示す享保八年（一七二三）の『分限帳《ぶんげんちょう》』によれば、家老から小役人・足軽まで一一〇七人の家臣がいるが、徒士は二五人であり、家臣以外に雇いの徒士二三人が計上されており、享保期にはすでに渡り者の徒士を使用していた。ただし勘定所の小役人など徒士格の家臣も多く、徒士身分の大半が渡り奉公人というわけではなく、江戸屋敷で行列に従う徒士のみのようである。

なお『分限帳』によれば足軽が五一二人、そのほかにも足軽同様の者を加えると『分限帳』の全家臣の約半数になり、徒士以上の侍は全体の約半数にすぎない。ただしこの人数には、中間などの奉公人は含まれていない。

宝暦期の奉公人に戻ると、陸尺は一一人のうち八人が人宿《ひとやど》から召抱えたもので、国の者は三人のみというが、乗物は四人で担ぐから国の者だけでは乗物は進まないのである。鎗持・挟箱持・草履取《ぞうりとり》に至ってはすべて渡り者であり、陸尺・手廻りという藩主に最も近い奉公人がほとんど人宿から斡旋され、粗暴で不作法な「がさつ」と指摘されていた出替りの渡り奉公人だったのである。

このとき阿部正允は奏者番として江戸城の殿中儀礼に携わる役であり、老中ではなかったが、一〇万石の阿部家ですら、陸尺・手廻りなどの奉公人は以上のようだったのであり、大名・幕臣のほとんどが人宿から奉公人を召抱えていたことは納得できよう。

かれら阿部家の渡り奉公人は、それぞれ部屋があって部屋頭がおり、先述した中間部屋の構図がここにも存在したことが推測できる。この時期、町触などでは、武家屋敷の中間部屋に部屋頭が欠落者や自分の子分を部屋子として抱え、部屋で博奕《ばくち》などが行われることをしばしば禁止しており、同様の禁令は近世後期まで繰り返し発布されている。

供廻りを盥回しした幕臣

幕臣の供連れはどうだったのだろう。小野仙右衛門直賢《なおかた》の日記『官府御沙汰略記』から、氏家幹人氏が興味深い例を紹介している。明和三年（一七六六）七月、直賢の子庄兵衛直泰《なおやす》は御三卿《ごさんきょう》一橋家の徒頭《かちがしら》で二〇〇俵取であったが、出仕のとき弟で西之丸新番の舘野忠四郎勝就《かつなり》（一五〇俵五人扶持）と供を共有していた。直泰は出仕のとき中間一人を連れて家を出て弟の勝就の家に行き、勝就が若党一人を連れ、二人で連れ立ってまず一橋御殿に向かい、御殿の近くで勝就が待機して、直泰が中間と勝就の若党を連れて一橋御殿の門を入った。そのあと若党と中間は外で待っていた勝就の許に戻り、今度は勝就の供をして江戸城西之丸に向かったのである。ともに若党と中間を一人ずつ出し合って共有し、門を入って自分の勤務先に出仕するときだけ体裁を保ったのである。『官府御沙汰略記』には、親戚同士や近所で勤務が同じ場合など、同じ供揃えを二人の幕臣で盥回《たらいまわ》しした例がほかにも記載されている。

御三卿の付人とはいえ、番方の頭であり徒組を指揮しなければならない徒頭ですらこのありさまである。しかし、彼らが徒歩で出かける場合、正式な供揃えは、若党・鎗持・挟箱持・草履取各一人を従える「四つ供」である。若党はよいとして、中間は鎗持・挟箱持・草履取のうちどの役を務めたのであろう。鎗や挟箱を持っていたならば、これらの道具も共有していたことになり、緩急のとき徒頭が鎗を立てないでも務まったのだろうか。すでに軍役としての供揃え、すなわち供の意義や本来の役割は忘れ去られ、単に外見を整えるだけで形骸化していたのである。

なお、小野家の若党も外見だけであった。宝暦三年十二月、若党として一回五〇文で雇って供をさせたのは、六尺町の古道具屋の倅《せがれ》でわずか十三歳の少年だった。特別に本式の四つ供を揃えたとき二人は日用を雇い、小野家の下男が次の年には他の屋敷で若党になったりと、奉公人の実態はまったく名実のないものだった。

中身が空洞になれば、外観はさまざまな装飾で飾られ、虚勢を張るようになる。宝暦十年九月には、町奉行所の腰掛（供や訴訟に呼び出された者等の待合場所）において、町名主の供の者が、主人の脇差を差して横柄な態度を取って門内を出入し、まるで侍のように映ると注意を受け、名主一同で供の取締りを申し合わせている。町名主の供の者まで権威を嵩《かさ》に空威張りしていた。

華美になる行列と大名の格式

行列を飾り立てる大名・幕臣

当然、武家の行列そのものも虚勢を張って華美になっていった。延享四年（一七四七）正月、幕府は幕臣に対し、近ごろ行列の先に挟《はさみ》箱《ばこ》を持たせたり、乗物の後に挟箱を持たせたりするものがいると指摘し、古くからの慣例があれば許すが、最近になって持たせるようになった家は、停止するようにと命じている。大名・幕臣も古くからの格式を守らず、しだいに行列を飾り立てるようになったのである。この傾向は、十七世紀の後半のいわゆる田沼時代に著しかった。十代家治《いえはる》の側用人田沼意次《たぬまおきつぐ》とその親族などをはじめ、新参の大名や一部の出世した幕臣が幕政に参画した時代である。その前の享保期（一七一六〜三六）には、御側御用取次の加納久通・有馬氏倫《ありまうじのり》や町奉行・寺社奉行を歴任した大岡忠相《おおおかただすけ》、続いて九代家重の側用人大岡忠光も大名に登っている。新規に大名になれば、以前より行列が拡大し装飾が増える。それにつれて他の大名も新参者に負けないように行列を飾り立てたのである。

また幕府も、大名の統制や懐柔に、行列の格式を利用するようになる。宝暦十三年（一七六三）十一月、筑前福岡（五二万石）の黒田継高《つぐたか》に対し、江戸城出仕の行列に鎗二本・対挟箱を許可した。黒田家は大藩でありながら、今まで鎗一本・挟箱一の行列であったが、同月、御三卿の一橋宗尹《ひとつばしむねただ》の五男を黒田家に養子に入れたのを機会に、鎗と挟箱を増やしたのである。さらに明和五年（一七六八）正月には、黒田継高に対し、長崎警衛の功を賞して長刀《なぎなた》と牽馬《ひきうま》に虎皮の鞍覆いをかけることを許可している。大名側が行列を飾り立てようとする心理を、幕府も利用したのである。一方で幕府は、統制も試みた。

安永二年（一七七三）七月、幕府は大名・幕臣の供揃えが人と人の間をことさらに空けて行列を長くしており、徒士《かち》や先箱《さきばこ》は著しく間を空けて往来の邪魔になると、これを止めるよう布告した。翌三年正月には諸大名に対し、江戸の中では供廻りをなるべく減少し、国持大名であっても騎馬の侍は一、二騎、供鎗も二、三本程度にせよと、全体として侍の若党や又中間など陪臣を減少するように命じた。幕府はまず大名の格式を示すさまざまな装

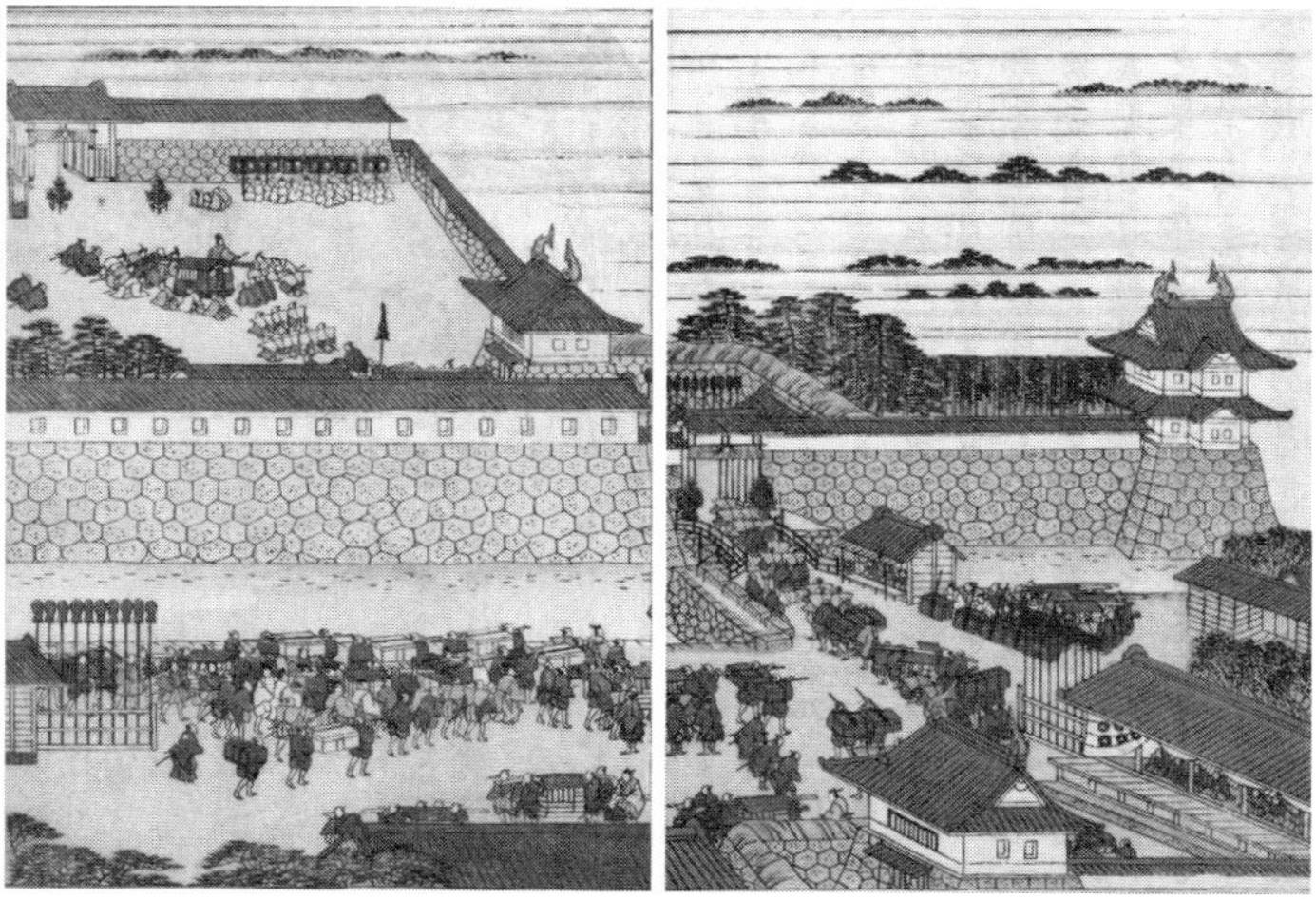

図16　大手二之門下乗橋の図（『徳川盛世録』）
大名などはここで乗物を降り，徒歩で本丸御殿に向かった．

飾に手を付けず、日雇い渡り者が多い陪臣を減少することにより、人数の縮小とがさつな行為の統制を図ったのである。

ついで同年十二月、幕府は諸大名の乗物、牽馬の鞍覆い、乗物の後から運ばせる茶弁当について制限を加えた。第一に、乗物を打揚腰網代《うちあげこしあじろ》に紛らわしい形式にしている大名がいるが、これは国持・溜詰・御三家とその分家・越前松平家のうち、古来より用いてきたものに限るので、一時使用が中絶したり、近年使用するようになった大名は禁止する。もちろん紛らわしい乗物も禁止する。第二に、牽馬の背にかける虎皮の鞍覆いも古来より使用している家以外禁止する。第三に、茶弁当を持たせるのは、古来より慣習としている家や幕府に伺いの上持参する家は格別であるが、新規に持たせるのは禁止する。ただし幕府に伺いの上薬用のために茶弁当を持たせる場合には、格式を持つ大名と紛れないように、行列から離して召し連れること。ほかにがさつな供廻りの統制があるが、大名の行列には、乗物・虎皮の鞍覆い・茶弁当まで格式が定められていたのである。

大名の格式

ここで少し大名の格式を説明する必要があるだろう。在野で実証的な研究を積み上げられた故小川恭一氏、江戸城の政治や儀礼に業績を持つ松尾美恵子氏・深井雅海氏の研究に導かれながら、簡単にまとめておく。

大名を親藩・譜代・外様《とざま》に分けることは近世にはなく、大名の格式は殿席と官位によって類別されていた。殿席とは江戸城本丸御殿に出仕したとき、諸大名の控の間であり、大廊下・溜詰・大広間・帝鑑之間・柳之間・雁之間・菊之間縁頬《えんがわ》に分かれていた。その位置と大名たちの関係は表4の通りであるが、奥に居住する将軍に近い場所に、由緒ある譜代・家門が溜之間に将軍の相談役として控え、その近くを代々の将軍によって新規に大名に取立てられた詰衆・詰衆並が雁之間・菊之間縁頬に詰めて平日も交代で登城し、古くか

表4　江戸城の殿席と大名の家格

本丸御殿表の構造

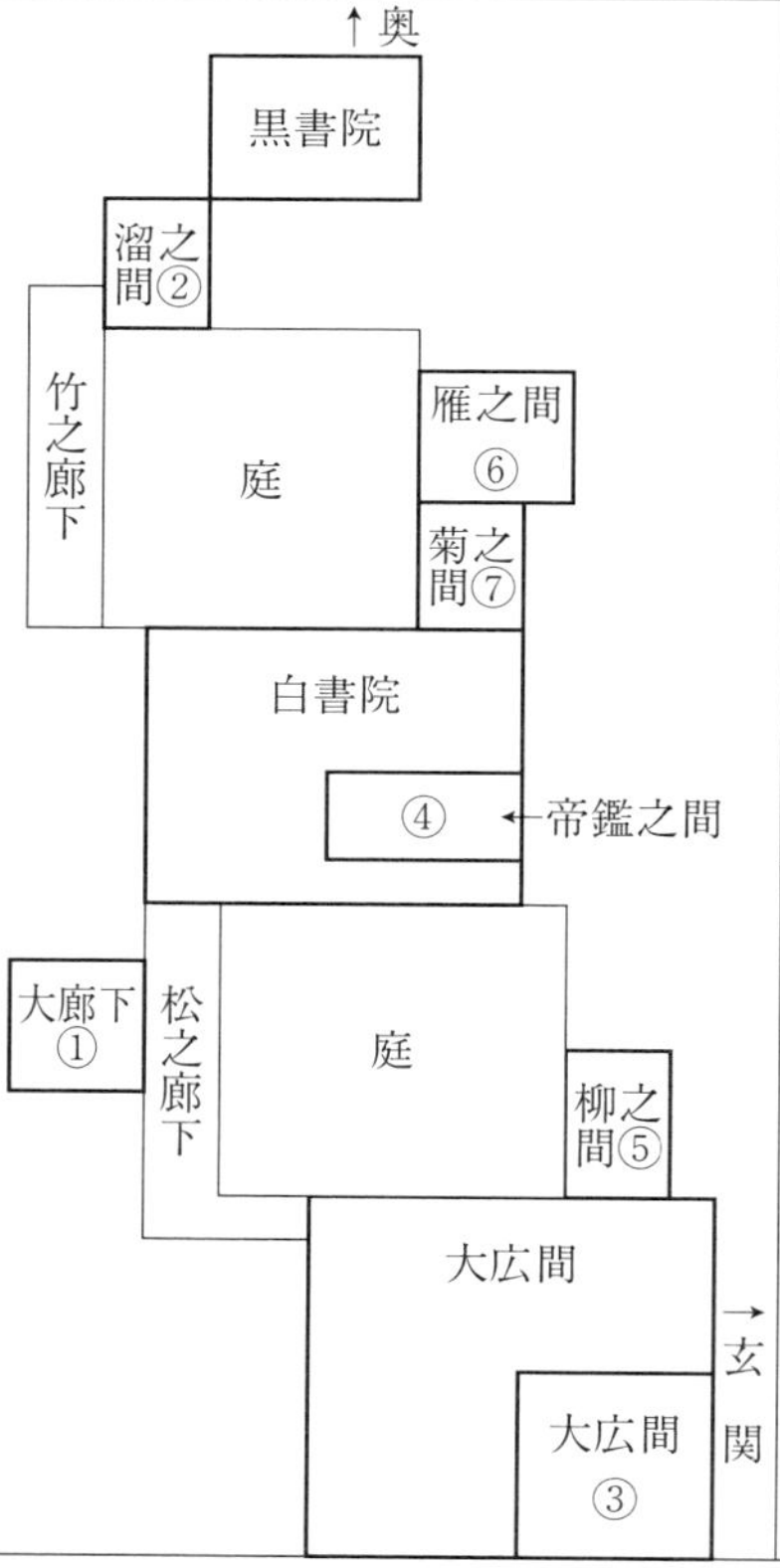

家格など		数
譜代大名	②譜代の最高の座，将軍から諮問　彦根井伊・会津松平・高松松平　老中経験者など	4
譜代大名	⑥詰衆　開幕以降譜代に取立てられた大名で，城主・城主格	48
譜代大名	⑦詰衆並　開幕以降譜代に取立てられた大名で，無城	36
譜代大名	④古来よりの譜代大名など	68
一門・外様大名	①御三家と嫡子　金沢前田・越前松平・吉井松平（鷹司）	6
一門・外様大名	⑤従五位下の外様大名　交代寄合　表高家寄合	73
一門・外様大名	③一門・外様の四品以上　国持・准国持の外様大名　越前松平家の分家　御三家の分家	28

注　深井雅海氏『江戸城』（中公新書），小川恭一氏『江戸城のトイレ，将軍のおまる』（講談社）参照．大名の人数は安永2年（1773）「武鑑」（橋本博氏編『大武鑑』中巻）による．

らの譜代大名や格式をあげた新規取立の譜代大名などが白書院の帝鑑之間に控え、老中は雁之間詰の詰衆か帝鑑之間詰から任命された。以上の殿席を持つ大名は、徳川家の内のものとして位置づけられていたことになる。

御三家をはじめ一門や外様大名はそれより外に殿席を持つ。松の廊下の側にある部屋には、御三家や金沢前田家・越前松平家、五摂家の鷹司《たかつかさ》家の分家で徳川家光夫人の弟の家柄である上野吉井（一万石）松平家が控え、この殿席を大廊下という。国持の外様大名や越前松平家の分家は大広間に殿席を持つ。大広間は本丸御殿のうち最も巨大で荘厳な建物であり、幕府の最も重要な行事が執行された場所である。ここに殿席を持つことは、徳川家の内のものではなく、外のもので臣従した国主や客分、それと同等の格式のある一門として位置づけられていたのである。大広間詰のなかで、一国以上を所領とした大名および、それと同じ規模の所領や由緒のある大名がおり、大廊下席の越前松平家を含めて一九家を「国持」とよんだ（のち文化五年に南部家が入る）。外様の中小大名は大広間の裏手の柳之間に控えた。

この殿席につくために、諸大名は、屋敷から下馬先まで供揃えをして長い行列を組み、下馬先で大多数の供を残して下乗橋まで入り、ここで乗物を降りてわずかの侍・草履取《ぞうりとり》・

挟箱持をつれ、巨大な石垣と櫓を見上げながら、多くの門番が警固する大手三之門、中之門、中雀《ちゅうじゃく》門を通り、豪壮な本丸御殿にたどり着いたのである。

殿席のほかに大名の格式として、武家官位がある。日本古代からの律令制官位が次第に機能しなくなる中で、朝廷は官位叙任権を維持しながら権威を保ったが、武家政権は武家の序列化にこの官位を利用し、また武家も官位を望み朝廷の権威をかりながら自らの地位を上昇させようとした。江戸幕府は武家官位の叙任権を実質的に掌握しながらも、朝廷に奏請して、口宣案《くぜんあん》・位記《いき》といった叙任の文書を大名などに発給してもらった。

太政大臣・左大臣・右大臣・内大臣・大納言・中納言・参議・中将・少将・侍従、さらに掃部頭《かもんのかみ》・内膳正《ないぜんのかみ》・左衛門尉・陸奥守などを「官」といい、正一位・従一位・正二位・従二位・正三位・従三位・正四位上・正四位下・従四位上・従四位下・正五位上・正五位下・従五位上・従五位下などを「位」という。組み合わせて従四位下侍従などとし、武家は従五位下より上に叙任され、六位相当の幕臣を「布衣《ほい》」といった。

近世の武家官位において、おおむね、太政大臣から内大臣は将軍が、従二位大納言は尾張・紀伊家、従二位中納言が水戸家と御三卿、従三位参議が前田、正四位上中将が溜詰《たまりづめ》の井伊・会津松平、従四位上中将が島津・伊達・高松松平、従四位上少将が細川・黒田・

浅野・毛利・松江松平など、従四位下少将が藤堂・有馬・佐竹など、従四位下侍従が宗・山内・明石松平などと老中・京都所司代、従四位下（四品）が柳沢・奥平・堀田・戸田・阿部などが叙任され、四品のうちには叙任後三〇年で従四位下侍従になる家もあった。一般の大名と諸大夫の幕臣は従五位下に叙任された。

乗物・虎皮の鞍覆・爪折傘

安永五年二月、幕府は乗物のうち、打揚腰網代・打揚・打揚か腰網代のいずれか、腰網代を許された大名など三四人にこれを許し、他はこれらの使用を禁止した。打揚とは、戸の代わりに簾《すだれ》が垂れ下がった乗物で、引戸より格が上とされていた。腰網代とは、乗物の下の部分が檜の薄板を編んだ網代を貼ったものである。ちなみに、将軍家と紀州家は溜塗惣網代というすべてが網代のあずき色の乗物、尾張・水戸家は打揚腰網代であった。同時に虎皮の鞍覆いを大名など三一人に許して、その他の利用を禁止した。同年三月には、長柄傘のうち、爪折傘《つまおりがさ》という骨の先を内に曲げてつくった傘に紛らわしいものを持たせているとして、これを許されているのは国持・溜詰・御三家の分家で以前から持たせているものだけであり、四品以上のものでなければならないと布告した。

これらを表5に掲げたが、乗物も虎皮の鞍覆いも、御三家の分家・越前松平家の一門の

乗　物	虎皮鞍覆	爪折長柄傘	安永5年の禁止事項	備　考
—	—	—		
—	—	—		
—	—	—		
—	—	○		
—	—	○		
打揚腰網代	○	○		
	時宜により	○		
打揚腰網代	○	○		
打揚腰網代	葵紋・○	○		
打揚腰網代	○			尾張家弟
打揚腰網代	○			尾張家弟
打揚腰網代	○			紀伊家弟
	○	○		
打揚腰網代	○	○		水戸分家
打揚腰網代	○	○		毛利
	○	○		池田
打揚腰網代	○	○		水戸分家
打揚腰網代	○	○		池田
打揚腰網代	○	○		水戸分家
打揚腰網代	○	○		浅野
打揚腰網代	○	○		越前分家
	○	○		黒田
打揚腰網代	○	○		
	○	○		鍋島
打揚腰網代	○	○		紀州分家
	○			熊本嫡子
打揚腰網代	○	○		尾張分家
打揚腰網代				吉井嫡子

表5　安永5年(1776)乗物・虎皮鞍覆・爪折傘許可の大名

大　名	官　位	国持	殿席	城　地	石　高
尾張中納言宗睦	従三位中納言		大廊下	尾張名古屋	629,500
紀伊中納言重倫	従三位中納言		大廊下	紀伊和歌山	555,000
水戸宰相保卿	従三位参議		大廊下	常陸水戸	350,000
加賀中将治脩	正四位中将	○	大廊下	加賀金沢	1022,700
松平左兵衛督信明	従四位侍従		大廊下	上野吉井	10,000
松平薩摩守重豪	従四位上中将	○	大広間	薩摩鹿児島	770,800
井伊掃部頭直幸	従四位上中将		溜之間	近江彦根	350,000
松平陸奥守重村	従四位上中将	○	大広間	陸奥仙台	625,000
松平越前守重富	従四位上少将	○	大廊下	越前福井	300,000
松平掃部頭勝長	従四位少将				
松平弾正大弼勝富	従四位少将				
松平左近将監頼興	従四位少将				
細川越中守重賢	従四位少将	○	大広間	肥後熊本	540,000
松平讃岐守頼恭	従四位少将		溜之間	讃岐高松	120,000
松平大膳大夫重就	従四位侍従	○	大広間	長門萩	369,000
松平相模守重寛	従四位下侍従	○	大広間	因幡鳥取	325,000
松平播磨守頼済	従四位侍従		大広間	常陸石岡	20,000
松平内蔵頭治政	従四位侍従	○	大広間	備前岡山	315,200
松平大学頭頼亮	従四位侍従		大広間	陸奥守山	20,000
松平安芸守重晟	従四位侍従	○	大広間	安芸広島	426,000
松平出羽守治郷	従四位侍従	○	大広間	出雲松江	186,000
松平筑前守治之	従四位侍従	○	大広間	筑前福岡	520,000
上杉弾正大弼治憲	従四位侍従	○	大広間	出羽米沢	150,000
松平肥前守治茂	従四位侍従	○	大広間	肥前佐賀	357,000
松平左京大夫頼敦	従四位少将		大広間	伊予西条	30,000
細川中務大輔治年	従四位侍従				
松平摂津守義柄	従四位侍従		大広間	美濃高須	30,000
松平豊松信成					

乗　物	虎皮鞍覆	爪折長柄傘	安永5年の禁止事項	備　考
打揚腰網代	○			石岡嫡子
打揚腰網代	○			毛利嫡子
打揚腰網代				
打揚	葵紋・○	○		越前分家
打揚		○		越前分家
打揚			打揚腰網代・虎皮鞍覆	越前分家
打揚				松江分家
打揚				松江分家
打揚				水戸分家
打揚				越前分家
打揚	○			足利氏
打揚				交代寄合
打揚か腰網代	○	○	打揚腰網代	
打揚か腰網代	○	○	打揚腰網代	
打揚か腰網代	○			
打揚か腰網代	○		打揚腰網代	久留米嫡男
腰網代			打揚腰網代・虎皮鞍覆	
		○		
		○		蜂須賀
		○		山内
		○		
			打揚腰網代・虎皮鞍覆	
			打揚・虎皮鞍覆	
			虎皮鞍覆	
			腰網代	

大　名	官　位	国持	殿席	城　地	石　高
松平雅楽頭頼前	従四位下				
松平壱岐守治元	従四位下				
津軽越中守信寧	従五位下		柳之間	陸奥弘前	46,000
松平越後守康致	従四位下		大広間	美作津山	50,000
松平左兵衛佐直泰	従四位下		大広間	播磨明石	60,000
松平千太郎直恒			大広間	武蔵川越	150,000
松平淡路守直義	従五位下		帝鑑間	出雲広瀬	30,000
松平兵庫頭直行	従五位下		帝鑑間	出雲母里	10,000
松平大炊頭頼救	従五位下		帝鑑間	常陸宍戸	10,000
松平豊太郎直紹			帝鑑間	越後糸魚川	10,000
喜連川佐兵衛督恵氏	従五位下				5,000
山名靱負義徳	従五位下		柳之間		6,700
松平肥後守容清	従四位上中将		溜之間	陸奥会津	230,000
有馬中務大輔頼僮	従四位少将	○	大広間	筑後久留米	210,000
佐竹右京大夫義敦	従四位侍従	○	大広間	出羽秋田	205,800
有馬上総介頼貫	従四位下				
伊達遠江守村候	従四位侍従	准	大広間	伊予宇和島	100,000
藤堂和泉守高敦	従四位侍従	○	大広間	伊勢津	323,950
松平阿波守治昭	従四位侍従	○	大広間	阿波徳島	257,900
松平土佐守豊雍	従四位侍従	○	大広間	土佐高知	242,000
宗対馬守義暢	従四位侍従	○	大広間	対馬府中	100,000
丹羽加賀守長貴	従四位下	准	大広間	陸奥二本松	100,700
立花左近将監鑑通	従四位下	准	大広間	筑後柳河	119,600
南部大膳大夫利雄	従四位下		大広間	陸奥盛岡	100,000
松平下総守忠啓	従四位下		帝鑑間	伊勢桑名	100,000

ほか、国持であっても近世前期に徳川家と姻戚関係のあった前田・池田など有力大名か、戦国以来の由緒ある島津・伊達・細川・毛利・佐竹・上杉などの大名にしか許されていない。たとえば国持でも、阿波徳島の蜂須賀、土佐高知の山内のような松平姓を賜った家や伊勢津の藤堂など、豊臣系の取り立て大名が許されていない。ただ御三家やその分家の嫡子や弟も同様に許されていた。殿席と武家官位によって規定されているものの、徳川の家を頂点に家康以来創出された一門とその親疎関係とともに、徳川より古い由緒を持つ武家の家柄が、武家の歴史と伝統の象徴、武家政権の正統性を物語る家として特別視されていることが判明する。そのような家がとくに「武威」の象徴である虎皮の鞍覆いを許されたと見ることができる。旗本の喜連川《きつれかわ》氏は、室町時代の関東公方足利氏の系譜をもっているが、同家が打揚乗物・虎皮の鞍覆いを許されていることは、それをよく示している。

同じ安永五年三月には、再度供鎗や供馬の制限が布告され、出仕の行列の供侍も一万石以上は先供・駕籠脇ともに一三、四人、五万石以上は一七、八人、一〇万石以上は二〇人に限るようにと通達されている。

この時期、行列の格式を規制しようと企てたのは、諸大名が格式を無視して行列を装飾していったためであるが、この二ヵ月後の安永五年四月に、十代将軍家治の日光社参が控えていたためでもあろう。安永三年頃から、幕府は諸大名に行列の格式を問い合わせながら、諸大名への統制を試みていた。

大名たちの対応

陸奥二本松藩丹羽氏（一〇万石）は、織田信長の老臣丹羽長秀を祖とする家柄であり、その子長重は加賀小松一二万石を領しながら、関ヶ原ののち改易されるが、苦難の末に家の再興を遂げたという由緒を持ち、白河城・二本松城など豊臣系の城郭を東北地方に残した家でもある。准国持の格式を持ち、代々の当主は初め従五位下に叙任されるが、家督相続後初参勤の年に従四位下（四品）に昇った家柄である。

安永三年十二月、大目付から、二本松藩が打揚腰網代の乗物・虎皮の鞍覆い・茶弁当を使用している経緯につき問い合わせがあった。

二本松藩は、以前から従四位下に叙せられてのち、乗物は五節句そのほか式日に打揚腰網代を使用し、虎皮の鞍覆いも式日に束帯を着けて登城するときだけ牽馬に被せている。茶弁当は代々持たせているが、下馬先に残しておいている、と回答している。二本松藩ではこの記録に、いままで幕府から乗物・虎皮の鞍覆いの使用について問い合わせはなく、今回がはじめてであると注記している。

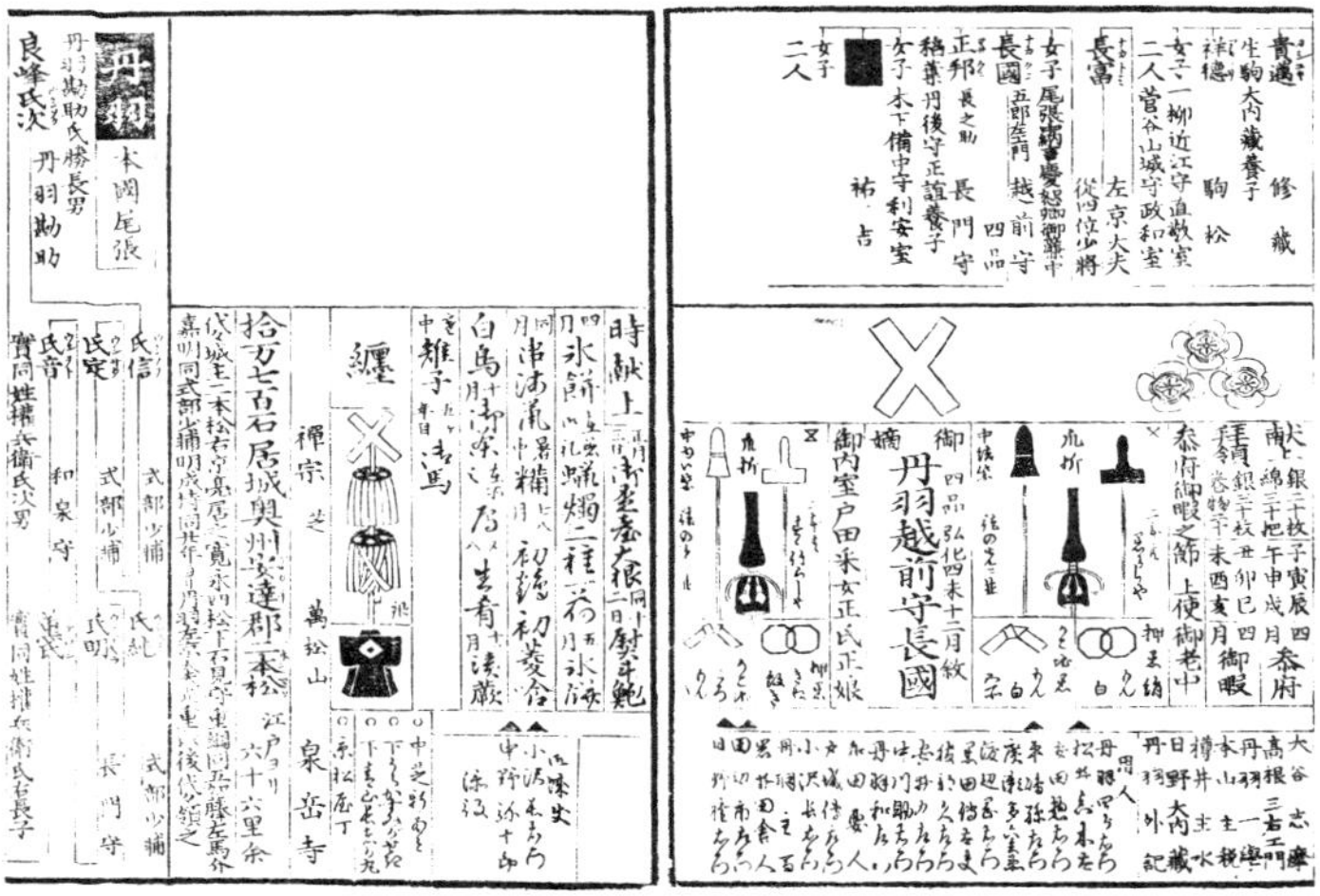

図17　丹羽氏の道具（『嘉永武鑑』）

安永五年二月、幕府は乗物・虎皮の鞍覆い許可の大名を公表したとき、二本松藩に対して打揚腰網代の乗物・虎皮の鞍覆いの使用を今後禁止すると通達した。同時に、溜詰の会津松平家には打揚腰網代を禁止して腰網代を使用するよう申渡し、大広間席の久留米有馬家には打揚腰網代を、宇和島伊達家には虎皮の鞍覆いと式日の打揚腰網代、柳川立花家には侍従昇任以後の打揚乗物と装束着用時の虎皮の鞍覆い、川越松平家（越前分家）には打揚腰網代と虎皮の鞍覆い、盛岡南部家には装束着用時の虎皮の鞍覆い、桑名松平家（元奥平）には腰網代をそれぞれ禁止している。

図18　天保期忍藩松平家（元奥平）の年頭参賀の行列（学習院大学図書館蔵『諸大名登城之図』）
牽馬に虎皮鞍覆を使用している．

しかし桑名松平家は、初代忠明が奥平信昌と家康の長女亀姫との間に生まれ、家康の養子となって松平姓を賜ったとき、叔父に当たる二代将軍秀忠から網代の乗物を拝領した由緒があると幕府に食い下がり、ついに腰網代の乗物を守り通した。

これを聞いた二本松藩も、先祖に対し嘆かわしく、子孫のことを考えるとそのままにはできないと、かつて従三位参議まで昇った長重の格式を引き合いにして、老中に嘆願を繰り返している。交渉の末、同年十一月に老中から、四品以後は装束着用時に乗物を打揚か腰網代かのどちらかにすることは認めると内意を得て、嘆願書に老中が許可したと注記した「附札」をつけて返却された。二本松藩は、装束着用時の乗物を打揚と決め、大目付に届けを出して、なんとか伝統を守ったのである。

交渉の様子は不明だが、江戸留守居役が根回し・接待などさまざま動き回ったことであろうし、費用も莫大なものとなったはずである。このとき虎皮の鞍覆いは禁止されたが、初代長秀以来の戦歴や築城の伝統を誇る丹羽家が、武威の象徴である「虎皮」を捨て、殿中出仕の格式を示す打揚の乗物を獲得したところに、近世初期以来の武家政権の理念である「武威」が、すでに形骸化しているさまを見出せるだろう。ただし、天保期（一八三〇～四四）以降、丹羽家では再び虎皮の鞍覆いを使用し、幕末に至っている。なお、桑名松平家（文政六年〈一八二三〉に武蔵忍《おし》に移封）も、文化十二年（一八一五）以降、虎皮の鞍覆いを行列に加えており（図18）、近世後期には安永期の統制は有名無実となったようである。

鎗を投げ上げる中間

禁止された鎗の投げ上げ

行列の華美は幕府が大名を統制して一時止まったが、供廻りに雇用された徒士・足軽・若党・陸尺《ろくしゃく》・中間たちのがさつさは、どうにも止まらない。幕府は町奉行を通じて人宿への取締りを繰り返すだけだった。

宝暦十年（一七六〇）五月、幕府は大名に対し、江戸城内で鎗持や挟箱《はさみばこ》持などに交代要員の手代りを召連れないように命じ、あわせて供廻りのがさつを禁止するよう申渡したが、がさつな供廻りの主人の処分には触れていない。

宝暦十二年六月、町奉行所は組合人宿一八一人および人宿居住の町の名主・家主・五人組までを呼び出し、人宿の寄子の陸尺・手廻りなどが下馬先や老中宅の門前などで不法な行為に及び、徒士や足軽も異様な服装をしているのは、人宿が寄子に注意を怠っているからだと叱りつけた。さらに、厳しく寄子に注意し、守らない寄子がいたなら町奉行所に訴えるように命じ、今後申渡しを守らなければ厳重に処罰すると通達した。ここにも奉公人を斡旋した人宿の責任だけが問題にされ、雇用者でありながらこれを放置している武家の責任は問われていない。その後も供廻りの横暴や放埒をくりかえし禁止しているが、明和六年（一七六九）九月、先箱《さきばこ》を担ぐ中間は国者を用いて人宿からの奉公人を排除するように命じ、今後がさつな供廻りがいれば、家来だけでなく主人の落ち度とすると、初めて武家の責任を追及した。さらに同月、がさつな供廻りを町奉行所の同心が捕えると布達して、武家奉公人に対する取締りを強化したのである。

しかし、明和七年十月、再び供廻りのがさつを禁止する触書が出ており、放埒な奉公人の統制は結局できなかった。その後は再び奉公人のがさつな行為を人宿の責任に転嫁していく。武家のほうでも、問題を起こした奉公人を自身では処罰もできず、人宿を呼び付けて暇を出したうえ引き取らせており、奉公人の処分を人宿に任せようとしたのである。

同じ明和七年十月の触書には、武家奉公人が暇を取って屋敷をやめた後、給金の未払いを申立てて奉行所に訴えるものがいると指摘し、今後このような訴訟は奉行所では受理しないと触れている。給金の支払を渋る武家もさることながら、それを訴える元奉公人もいたのである。武家の窮乏とともに、奉公人との主従関係が有名無実なものとなり、まったくの雇用関係に変りつつあったのである。

翌明和八年十二月の触書は、行列の大きな変化を象徴している。

近ごろ途中にて、鎗持・長柄の傘持ち代わりあいの節、手代りの者へ渡し候時分、投げ候てあい渡し候、左《さ》候ては、もし怪我などにても出来致《しゅったい》すべく候や、如何《いかが》につき、左様これなきよう寄々《よりより》あい達すべく候、

最近、行列が通行する途中で鎗や長柄傘を交替の者に投げ渡しているというのである。怪我の心配をしながらやめるように命じているのも、何か滑稽であるが、このころから鎗持たちが鎗などを投げ渡すようになったことが判明する。現在全国各地で大名行列がはなやかに再現されるが、その最大のセレモニーに奴が鎗を振り回したり投げ渡したりする場面がある。そのような行為はこの十八世紀後半から、がさつな奉公人たちの放埒な行為として出現したのである。

武威の象徴が弄ばれる

本来、鎗は主人の武威の象徴であり、各家の格式や伝統を物語る道具でもあった。それを奉公人が投げて弄《もてあそ》ぶなどというのは、手討ちにされても仕方のない無礼な行為のはずである。十七世紀後半に成立した『雑兵物語』には、鎗担《かつ》ぎが寝ている間に主人から預った鎗の金物を盗まれて死罪を覚悟した場面がある。のち文政元年（一八一八）頃にも、会津松平家の家老が本陣に鎗を忘れ、後から宿泊した陸奥中村相馬家の家臣に揶揄されたとき、会津の使者が鎗持を斬ってその生首を持参して鎗を取り戻し、相馬の家臣と乱闘に及んだ事件があった。そのように重視された鎗を投げるのは、武家の権威の失墜に他ならないし、奉公人たちが大胆不敵なかつ不作法な態度で、主人に対して何の敬意も払わない「がさつ」な証拠なのである。のち幕末まで触書では鎗の投げ上げを禁止しているが、行列に加わって側で見ている武家たちは、顔をしかめこそすれ、これを制止できなかったのである。現在の大名行列の奴の姿に、このような思いをはせる人はいないだろうが、まさに槍投げこそ「武威」の象徴としての行列の形骸化、武家の不甲斐なさ、さらには武家の政治体制の崩壊を見せつけるものだった。

反対にこのような行為を繰り返す奉公人たちにとって、行列は自分たちの力を見せつけ、形骸化しながらも高い権威と支配権を持つ武家社会の底辺に、自分が位置づけられている

図19　槍を投げ上げる中間（萩博物館蔵「旧諸侯参勤御入府之図」周延画，明治22年〈1889〉）

長州藩毛利家の参勤江戸入りを描いた浮世絵．中間が投げている鎗は『武鑑』にはなく，参勤交代のときだけ飾りとして使用した「伊達道具」であろうか．その後ろの鎗は『武鑑』に記載があり江戸城登城にも立てることができた．右手の乗物が引戸で藩主の姿が描かれるが，毛利家の乗物は戸を上から垂らす「打揚」であり，正確ではない．ほかにも長刀が乗物の前にないなど，実際とは異なった図になっている．

ことを人々にアピールすることであり、武家の行列が彼らによって主導権を奪われ「祝祭化」される結果にも繋がったのである。そして「祝祭化」が進めば進むほど、奉公人たちは自分たちのアピールとして、さらにがさつな行為を重ね、行列そのものは華やかになり装飾化されるのである。

安永五年（一七七六）の大名に対する格式の序列化と行列の取り締まりは、明和八年の槍投げ禁止の後であるが、そのような格式の序列化も、がさつな奉公人にとっては関係なかったかもしれない。その後もつづいて、行列のがさつ取締りは布告され続け、また槍投げの禁止も近世後期まで禁止され続けながら、こうした行為は一向に止まなかったのである。

明和四年、弱冠十九歳の大田南畝《なんぽ》が著した『寝惚《ねぼけ》先生文集』は、近世中期以降の狂詩流行の機運を開いたものと評価されるが、そのなかに「大名行列を観る」という七言絶句がある。

車上㆓屋根㆒馬引㆑溝　車は屋根へ上げ馬は溝へ引く
路行人為㆓排傍㆒留　路行く人は排傍のために留まる
先供通過鎗持出　先供通過して鎗持ち出ず
奴穴高㆓於檀那頭㆒　奴の穴《しり》は檀那の頭より高し

道行く大八車や馬さらに人々をかき散らして、大名行列が傲慢に通過するさまを、眼前に浮かぶように詠じているが、奴の尻が乗物の主人の頭より高いと、皮肉たっぷりに行列の本質を見抜いている。そこに、幕府徒組の家柄であった南畝の、鋭く冷静な目が光っている。七〇俵五人扶持の南畝は、このような眼で将軍の行列に供奉したり、行列の警固に当たっていたのだろうか。

この時代に続く天明の大飢饉などにより、農村人口が都市に集中し、ことに江戸に流入民が溢れて人口構造が変化し、無宿や下層の住民が激増して治安も悪化する。そのような下層民を斡旋したのが人宿だったのであり、奉公人の質は以前より低下し、かつて誇り高い奴たちによって作り上げられた行列の作法を心得ないものも増え、さらに放埒になったことだろう。それも、がさつ禁止が繰り返し発布された背景の一つと思われる。

悲惨な奉公人の生活

ただ、奉公人の生活は悲惨なものだった。

切米《きりまい》はい丶が手足を見てくんな　（『柳樽』三編）

切米がよけりや化ものやしきなり　（『柳樽』十九編）

切米はここでは給金や扶持をさしている。いずれも武家奉公人の生活や仕事の厳しさを述べており、給料はいいけどとアカギレだらけの手足をみせて、仕事のきつさを嘆いたり、化け物に召使われているような過酷な仕事や生活を表現しているのである。

人宿の待遇も悪かった。天明七年（一七八七）六月の町触《まちぶれ》では、人宿は寄子が元気な間は世話をするが、病気になって奉公先から戻ってくると、薬を与えたり医者に診せたりはせず、長患いになりそうなものは身寄りを頼るように仕向けたり、小額の路銀を与えて帰国させたりし、あとで問題がないように証文を取って放り出しているという。そのため彼らは無宿となり、犯罪に関わるようになっており、これはまったく人宿の不誠実な扱いから発生するものだと、厳しく弾劾している。さらに無残なのは、宝暦八年、素人の人宿が病気になった老人の寄子に薬を与えず死なせてしまい、死骸を俵に入れて捨てた例もあった。さすがにこの人宿は中追放に処せられているが、現在から見れば命の重さに比してなんと軽い刑罰だろう。

がさつが止まらない

武家を無視した供廻りと役人の癒着

改革政治も無視する

武家の責任を指摘した寛政改革

天明六年（一七八六）九月、十代将軍家治が死去し、いわゆる田沼時代は幕を閉じた。翌天明七年五月の江戸打ち毀しの直後、六月に老中首座に任じられた松平定信は、田沼時代に緩んだ武家政権としての正統性を明確にし、武家の権威を復活させることを改革の理念の一つとした。それが、寛政改革における文武奨励に繋がっていく。

当然、がさつな行列の取締りも強化された。

天明八年二月、幕府は、人宿《ひとやど》・素人宿の取締りを厳命し、供廻りのがさつな行為と異様な風体、江戸抱えの陸尺《ろくしゃく》が知行所から抱えた陸尺を妨害すること、武家屋敷の中間部屋などに部屋子《へやご》を置くこと、供先で鎗を投げ上げることを禁止した。ついで三月、松平定信が将軍補佐に就任した直後に、町奉行所は組合人宿に対し、諸家の徒士《かち》・足軽・中間・陸尺が不埒な行為を繰り返し、とりわけ江戸抱えの奉公人が知行所から召抱えた奉公人に口論などを仕掛けて行列を妨害していると注意し、不埒な奉公人のうち罪の軽いものはそれぞれの主人が処罰し、重罪のものは主人から町奉行所に差し出すことになったと告知した。さらに、異様な風俗を好む武家には、奉公人を斡旋しないように命じる一方、問題を起こした奉公人を武家が処罰せず、人宿に引き渡すような行為は禁止したので、奉公人引取りの証文を武家に提出しないように求めた。武家が召抱えた奉公人の不法は、武家が責任を持つという立場が、少なくとも従来よりも明確に打ち出されたのである。

しかし、翌寛政元年（一七八九）二月にも、天明八年と同様の触書が繰り返されているし、寛政四年三月にも再度布告されているところを見ると、武家の責任が全うされ、奉公人のがさつな行為が減少したとは思えない。

松平定信の側近であった水野為長は、国学者萩原宗固《はぎわらそうこ》の次男で、御三卿田安家の家臣水野家に養子として入り、幼少の定信に仕えて、定信が松平家を継いで以後も側に仕えた人物である。水野は、寛政改革期に江戸城中や市中のうわさを収集し、主君定信の閲覧に供した。その写本『よしの草子』は、寛政期の政治や社会を知るのに不可欠な史料であるが、ここには大名・幕臣やその奉公人たちの姿も赤裸々に著されている。以下『よしの草子』をめくりながら、彼らの姿を追ってみよう。

赤鬼に暴行された白河藩の陸尺

天明八年三月、遠江掛川（五万石）太田資愛《すけよし》・駿河沼津（三万石）水野忠友らの陸尺が、老中首座に昇ったばかりの陸奥白河（一一万石）松平定信の陸尺に喧嘩を吹っかけた。太田家の陸尺が仲間同士で無尽講を計画したところ、松平家の陸尺が断ったのが発端ともいう。この喧嘩の死傷者などは不明だが、のちに松平家の陸尺がよく堪忍したとその態度を賞賛されている。襲撃者側は捕えられたようであり、水野家の陸尺が出奔したため、水野家の部屋頭が責任を取り入牢したという。ただ、この背景には、定信が江戸抱えの陸尺の取締りを強化したため、多くの陸尺が反発したことにあった。ちなみに、松平家の陸尺はすべて白河出身の国者だったのである。江戸抱えが国抱えの奉公人を苛《いじ》める様子は、他にも出てくる。寛政二年（一七九〇）八月、江戸城本丸玄関で、上総大多喜《かずさおおたき》（二万石）松平備前守正升《まさのり》の草履取《ぞうりとり》が、他家の草履取などからイジメを受け、悪口雑言のうえ頭を殴られたり唾をなめさせられたりする酷い仕打ちを受けた。松平家の草履取が国抱えであったことから、江戸抱えの渡り者たちが仕組んだというが、本丸玄関という場所柄もわきまえぬ行為に、何の制止もなかったことは驚くほかはない。

なお上総は、武家奉公人の出身地として知られ、大名・幕臣のうちには直接に、あるいは業者を通じて「上総抱え」と呼ばれる奉公人を多く抱えているものもいた。ただそれが、この暴行と関係があったのか否かは定かではない。

もとに戻るが、白河藩相手の喧嘩の根はほかにもあったようである。陸奥下村（一万石）田沼家の陸尺部屋の頭である「赤鬼」と仇名されたものが、三河町に住んでいた。赤鬼は田沼意次《おきつぐ》が老中のとき威勢を奮って、幕閣の大名の陸尺部屋を数軒支配していたという。喧嘩を仕掛けさせたのは、この赤鬼だったという噂もあった。陸尺は、触書一枚を紙切れ同前にみなし、幕府の御威光など何とも思っていなかった。しかし、御威光に寄生して他を見下し、押しのけ、周囲にわざと迷惑をかけながら、肩で風を切って江戸市中を我が物顔にのし歩いていた。

寛政元年二月には、出羽秋田新田（二万石）の佐竹義祇《よしもと》の徒士・陸尺などに悪質な渡り者が多く、日常道いっぱいに広がり、いかなる大名の行列とぶつかっても除けずに、悪態をつき喧嘩を仕掛けていると評判が立っている。秋田新田藩は、元禄期（一六八八〜一七〇四）に出羽秋田藩（二〇万五八〇〇石）から新田分を分知された大名で、本家の領地の収入を支給されるので自らは領地がなく江戸定府であった。当然、奉公人は江戸抱えになるし、小大名なので他の徒士や陸尺から侮られる可能性もあり、かえってがさつな者を召抱えたともいう。そのような例は意次死後の田沼家にもあった。

寛政三年十一月、田沼意次の孫竜助の行列が木挽町《こびきちょう》の河原崎座の前を通りかかったとき、芝居小屋の木戸番が腰掛の上に立ち、扇を広げて見物人を呼び込んでいた。田沼の徒士は無礼なふるまいと見て木戸番を注意したが、聞き入れないので腰掛から引き摺り下ろし、殴る蹴るの乱暴を加え、芝居小屋のものも飛び出して大喧嘩になった。芝居は一日休みとなり、稼ぎを失ったものも出たという。田沼竜助は、近々の初登城に備えて徒士や中間を揃えていたが、祖父の失脚で憎まれ、下馬先で行列が他家から妨害されたりいじめられると恐れて、生きのいい腕っ節の強い徒士や中間を集めていたといい、そのような徒士が乱暴に及んだと噂された。さすが田沼の孫だけのことはあり見通しが鋭いが、近世後期の陰湿な身分制社会の底辺を象徴した逸話でもある。

図20　下馬先供待ちの間に芸を披露
（学習院大学図書館蔵『諸大名登城之図』）
手前に長持ちを前に頰被りした男がおり，裃姿の侍数名がすわってヤジか合いの手をかけている．並んでいる乗物は帝鑑間・柳之間・菊之間席の大名のもの．

道いっぱいに広がる行列

行列も肥大化していた。寛政元年の九月、御三家の尾張大納言宗睦《むねちか》が江戸城に登城する行列が、嫡男の宰相治行《はるゆき》、宗睦の弟掃部頭《かもんのかみ》勝長・弾正大弼《だんじょうだいひつ》勝富、分家で美濃高須の従四位少将松平摂津守義裕を引き連れて、市谷の尾張藩上屋敷を出発した。巻頭で見た紀州家の行列のような供揃えで先頭が行き、宗睦の乗物や駕籠脇・手廻り・道具類の後から、子息・弟・分家の乗物などが間断なく続き、さらにその後を家老の行列や供鑓・若党・挟箱《はさみばこ》・

供馬・合羽籠などが続き、長さは九〇〇メートル近くにも達した。このため、人々は行列の間通行を止められ大迷惑だったという。寛政八年三月の諸大名への通達では、行列では人と人との間隔を一・五メートルから一・八メートル程度にせよと命じているから、実際の行列における間隔はさらに広かったと推定される。

　このような行列が道いっぱいに広がったまま下馬先に集中し混雑すれば、ぶつかり合い喧嘩になる。翌寛政二年正月十五日、式日の登城に仙台伊達家と大和郡山の松平（柳沢）家が下馬先でぶつかり大喧嘩となった。伊達家の先徒士が柳沢家の供を強引にどけようとしたことが発端となり、柳沢家側が伊達家の挟箱に石を投げつけると、今度は伊達家の手廻りが二〇人ほど飛び出し、石を投げたもののほか四、五人を打ち倒して半死半生の目にあわせたという。さらに石を投げたものを町奉行所に引き渡したうえ、あとで伊達家側が貰い受けたというが、どのように始末されたのかは想像するのも恐ろしい。

元の主人を襲撃する日雇い

若党・陸尺や中間たちは、このような態度をとりながらも武家に隷属した不平等な身分や差別を容認していた。しかし、そこで得られる利権や収益を奪おうとする者に対しては、たとえ武家であろうと容赦がなかった。下馬先で喧嘩のあった翌月の二月、三〇〇〇石の中奥小性大久保栄吉忠雄が不祥事を戒告され出仕をとどめられた。大久保家は、大久保彦左衛門忠教《おおくぼひこざえもんただたか》の兄の家系で、彦左衛門と同様に大久保忠隣《ただちか》の改易で幕臣となった家柄であり、当時養父の下野守忠恕《ただみ》は幕府直属軍団の軍団長である大番頭を勤めていた。忠雄は、二月十日に行列を無頼者たちに襲撃された。無頼者たちはおのおの竹棒を用意し、行列の後ろを進む牽馬《ひきうま》の尻を叩いて行列を混乱させた。駕籠脇の供頭が後ろを振り向いて刀を抜き追い払おうとすると、大勢が竹棒で殴りつけた。供頭は主人の忠雄を逃がしたが、供は主を失って散乱し、襲撃者たちは乗物のすだれを破り、鎗を折るなどして狼藉を加えた。供の中には気骨のある家来もおり、数人が立ち向かったが、さんざんに打ちのめされたという。

襲撃者たちは、かつて大久保家で働いていた日用取《ひようとり》たちとその仲間だった。同家では、いままで行列のとき臨時に中間などを雇っていたが、昨年の暮から廃止し、家に仕えている奉公人だけで行列を組むようになり、日用取をお払い箱にした。もしかすると養父と忠雄の行列を組み合わせて工夫し、登城と退出の日時の都合をつけながら少ない人数で二つの行列を組むことができたのかもしれない。いずれにせよ日用取たちは仕事を失い、行列を襲って鬱憤を晴らそうとしたのである。また大久保家では、日用取の賃銭支払いが滞りがちになっていたとも噂されている。

渡り者は出替り奉公人だけではなく、日雇いの日用取もいた。出替り奉公人は人宿の斡旋だったが、日用取は日雇い・月雇いで雇用され、別に「入口《いれぐち》」「小差《こさし》」と呼ばれた口入屋がいた。日用取について今まであまり触れてこなかったが、ここで簡単に紹介しておこう。

日用取と日用座会所

日用取は近世初期から存在し、江戸では承応二年（一六五三）以来、日用取・鳶《とび》の者・手木《てぎ》の者は、それぞれの頭から札を受取り、口入れの宿では札を確認して仕事を与えるように布告した。寛文五年（一六六五）には日用（日傭）座会所を設置し、鳶の者・米搗《こめつ》き・背負いの者・軽籠持やそのほか日用取は、毎月会所に札銭を支払い日用札を受け取ることを義務づけた。のち、公儀の御普請人足でも日用札を取らせるようになり、享保三年（一七一八）には札銭を毎月二〇文から三〇文に値上げした上、武家が使用する臨時雇いの奉公人、幕府の定火消《じょうひけし》鳶人足・大名火消の鳶人足までも札が必要となった。武家火消の鳶人足などは「入口」すなわち口入屋が一括して会所から札を受取ることにしている。十八世紀初頭から、会所で札を受取る日用取たちの放埒かつ乱暴な態度や、鳶の者の横暴などが問題となっており、それは武家奉公人の「がさつ」より早くから問題視されていたのである。寛政九年八月、日用座は廃止されており、この寛政期には、日用札による日用取の取締りは有名無実化していた時期であった。日雇いの入口の者は、人宿が兼ねていたようであり、武家の出替り奉公人と日雇いの斡旋は事実上一本化されていたのであるが、日用座の廃止によって武家奉公人の取締りも一本化されたわけである。

したたかな人宿たち

ところで、人宿の動向はどのようだったのだろう。天明八年九月、一斉移動の時期で幕臣たちが浮き足立っているとき、一二〇〇石取の新番頭松平但馬守乗季は、病で臥せっていたが、登城を命じる奉書が到来した。松平は、どうせ御役御免の申渡しだというと、家来が登城の時刻を確かめて、新たな役への転勤と答えたが、どのような役かわからずに、家中で何やかやと騒いでいた。そこへ日ごろ出入している入口の者が屋敷に参上し、明日は登城と聞いたので日用の中間などが何人必要なのかと尋ねたという。さらに入口の者は、殿様が浦賀奉行に就任するとのもっぱらの評判だといって、松平家のものを驚かせた。実際、松平が就任したのは小普請組支配であったが、入口や人宿は、江戸城の人事に絶えず目を光らせ、情報を幕臣より早く察知して、寄子を派遣する機会を探っていたのである。

人宿は、寄子の獲得も凄まじかった。寛政二年八月、町奉行所は人宿に対し、人宿が番頭・手代などを品川・千住・板橋・新宿といった江戸の入口に遣わし、諸国から江戸に出稼ぎに来るものを見つけては、言葉巧みに誘って自分の店に連れ込んで寄子に加えており、このような寄子が病気にでもなればひどい扱いをしていると指摘し、かかる行為を厳禁している。寛政改革の特徴の一つ、旧里帰農令が発布されるのは、同年十一月のことであり、天明の大飢饉の後農村からの流入者で江戸の人口構造が変質していた時期である。流入者のなかには、人宿のタコ部屋に放り込まれながら武家奉公人となり、人宿に上前《うわまえ》を撥《は》ねられながら悲惨な江戸の生活を送る者もいたのである。

そのような連中や日用取が武家奉公人として姿を中間に変え、さらにがさつになれば大変なこととなる。

乗物の主人を捨てる陸尺

寛政三年正月二日、江戸城年賀の登城で混雑の中、一〇〇〇石の目付中川勘三郎忠英《ただてる》が騎馬で出仕する途中、四〇〇〇石の小納戸八木十三郎補之《みつゆき》の行列が後から突き当たった。中川はのち長崎奉行・勘定奉行・関東郡代・大目付などを歴任し、学問にも精進して、長崎奉行のとき中国の文物風俗をまとめた『清俗紀聞《しんぞくきぶん》』を著しており、幕臣のなかでは屈指の蔵書家としても知られ、国立公文書館内閣文庫には中川の良質な蔵書が現存する。寛政改革のなかで登用され、当時「御目付四天王」の一人と称されて定信の信頼も厚かったが、生涯質素な生活に甘んじたといわれる。

さて八木の先徒士が中川の侍を払いのけて前に進もうとし、押された侍がよろけ中川の馬の鐙《あぶみ》に当たってあわや乱闘に及ぼうとしたとき、中川は馬から飛び降り、乗物に向かって主人に会いたいというと、八木も乗物から降りてきた。中川は、家来が不法を致したが、いつものように命じているのか、登城の途中なので殿中で聞きたい、と言い捨てて城に向かった。殿中の中川の許に小納戸頭取亀井駿河守清容《きよかた》から、八木が不法を働いた徒士を押込めにしたので内輪に済ませていただけないかと打診があり、中川は、八木が平生取締りを厳しくし徒士を押込めにしたならば、問題にはしないと答えたという。この程度は日常茶飯事だったのであろう。

三三〇俵取の先手鉄炮頭安藤又兵衛正長は、吝嗇《りんしょく》で奉公人につらく当たり、病気になると湯水も与えず、暇を取った下女に給金返済を迫り、返さないと荷物を返さず、屋敷の二階には下女の荷物が入った古葛籠《ふるつづら》が二四、五個も積んであったと噂された。陸尺にも弁当も与えずに酷使したので、寛政三年ごろ陸尺は正長が乗った乗物を代田橋のふもとに捨てたという。陸尺は捕えられ牢死したが、奉公人たちは非道な主人には、それなりの仕返しをしていたのである。

寛政三年八月、町奉行所は日用取の斡旋をする入口・小差が住む町の名主を呼び出し、武家方の日用取の賃銭を引き下げるように命じ、徒士の日雇いを一日二二四文、陸尺を一八四文、手廻りを一八〇文とするよう指示している。その程度の賃銭で、彼らは体を張って、一歩間違えれば死に至るようながさつな行為を繰り返していた。

渡り者も百姓には勝てない

寛政改革で高らかに打ち出した武家の責任問題が、いつのまにか消えかけていた。寛政二年十二月、幕府は、欠落奉公人の給金返済が滞っているというが、これを放置するのは主人の不行届きであり奉公人の取締りにも差支えるので、奉行所に連絡するように発令した。翌三年十二月にも、同様の通達を出したが、ここでは、面倒と考えているのか、今もって出願する武家が少ないと嘆いており、奉公人の欠落や取締りについて、武家は責任を放棄しているような様相が浮かび上がってくる。

寛政三年三月、幕府は町奉行に、手廻りの中間などが不埒な行為をした行列の供侍のうち責任者を役儀を取上げ押込めにし、入口の者を罰金五貫文とし、たびたび斡旋した中間が不埒な行為に及んだときには株を取上げるか江戸払いにするように命じた。さらに不埒な中間を敲《たた》きか手鎖の処罰を科した上、三年間石川島人足寄場に収容するように命じている。供侍の役儀取上げや押込めは、大名や旗本に掛け合って実現しなければならないが、陸尺・中間などは町奉行が裁許して人足寄場に送っていた。すでに武家は奉公人の処罰に手を下せず、幕府が行っているのである。火付盗賊改長谷川平蔵宣以《のぶため》が尽力し、江戸の治安のために無宿などを収容した人足寄場は、不埒な武家奉公人を収容する施設でもあった。高塩博氏の研究によれば、年限を定めて収容された人足は頭髪の片鬢《かたびん》を剃り落され、赦免日の五ヵ月前から鬢を蓄えるのを許されており、武家奉公人は当然剃り落されて寄場の生活を送っていた。そして、不埒な武家奉公人を人足寄場に送るように命じたのは、寛政改革を推進していた老中松平定信だったのである。

そのような幕府の脅しにもかかわらず、かえって陸尺や中間は元気がよい。寛政四年二月、幕府が大名・幕臣に供廻りを減少し質素にするように通達すると、手廻り中間の職を失ったあぶれ者が三〇〇人ほど集まり、この触書は老中本多忠籌《ほんだただかず》の仕業だと騒ぎ立て、本多を打ち殺すと気勢を上げたという。

しかし、渡り者たちは、いつも我が物顔に市中を横柄にのし歩いたわけでもない。寛政四年十一月、小普請奉行石野八太夫範堯《のりたか》（一一〇〇石）が登城の途中、霞ヶ関でサツマイモを積んだ馬の行列と出会った。馬を退けようとした石野の徒士や手廻りと馬子とが口論を始め、馬子に殴りかかると、後ろに続いてサツマイモを積んでいた七〇人の馬子が一斉

図21　四谷大木戸を通る駄馬と行列（『江戸名所図会』巻之3）
駄馬は桶を積んでおり，下肥だろうか．行列は
長刀があるので乗物の主は女性かも知れない．

に反撃し、石野の家来や手廻りはすべて叩きのめされてしまった。しかたなく石野は乗物を捨て馬に乗って侍一人を連れてすごすごと登城していった。馬子たちは主人がいなくなったから屋敷に行こうといって、七〇人がサツマイモを積んだ馬を引いて石野の屋敷に押しかけたという。この馬子たちは、武蔵入間郡・多摩郡辺りの武蔵野台地の農村から来た百姓たちであろう。このころからサツマイモが江戸で喜ばれるようになり、商品作物として盛んに生産されていく時期である。サツマイモは、教科書には救荒作物つまり飢饉対策の食物として登場するが、江戸の人々にとってはデザートとしてもてはやされていた。また余計な話をしたが、馬子が押し寄せた結末は『よしの草子』には見えない。ただ寛政改革のさなかでさえ、武家を震えさせる粗暴で放埒な渡り者たちも、百姓たちの力には及ばなかったのである。

弱気な人宿と実権を持つ部屋頭

部屋頭と素人の人宿

寛政改革ののち、人宿《ひとやど》や奉公人・日用取《ひようとり》の取締りは改革以前に戻った。寛政七年（一七九五）二月、組合人宿にたいする町触が発令されたが、奉公人の欠落、素人が一〇人以上の請人となること、供廻《ともまわ》りの異様な風俗やがさつな行動、江戸抱えの陸尺《ろくしやく》の妨害行為、武家屋敷の中間部屋に部屋子を置き賭博を開くこと、供先で鎗を投げ上げることなどを禁止するのみで、主人たる武家については言及していない。

寛政十年九月、幕府は諸大名・幕臣に、供立の風俗がいったんは取締りも行き届いたのに最近また乱れてきたと警告し、とくに幕府の奉行等の諸役人に注意を促した。寛政十二年十一月には、諸大名に対して登城における行列の長柄傘・乗物・虎皮の鞍覆い・茶弁当といった格式や侍人数・供馬・供鎗の規制を布告したが、安永五年（一七七六）の達書《たつしがき》を再度発令したにすぎなかった。ただ、近年諸大名の格式が乱れてきたと指摘しており、寛政改革の規制と取締りの反動が行列にも現れてきたといえよう。

日用座が廃止された寛政九年前後から、組合に加入していない素人の人宿への取締りが強化され、従来からの規定どおり素人で一〇人以上の請人となるものを数度にわたり禁止し、町々に素人の人宿の調査を命じた。同年十一月、町奉行所は違反した素人人宿を呼び出し、「急度叱り《きつとしかり》」を申しつけている。寛政十年二月には、一〇人以上の請人となっていた素人が組合に加入することを認めることとし、八八人が出願したが、彼らの風聞などを調査の上、寛政十二年三月、二二人に加入を認めた。

寛政十二年閏四月、町奉行は老中に人宿取締りの伺書を提出し、欠落者を寄子にする人宿の処罰と寄子人別帳の作成、人宿同士の競り合いの禁止、素人の人宿の調査と取締りを強化するよう上申した。人宿が欠落者などを調査もせずに抱え込み、仲間同士で武家や場所の奪い合いを繰り返しており、そのために給金を引き下げているので質の悪い奉公人も遣わざるをえなくなると指摘している。素人も含めた新規の人宿の増加で、この傾向が一層激しくなったのであろう。

新規の人宿が多くなったとはいえ、まったく無関係の者がこのような世界に新たに参加できるはずはない。おそらく武家屋敷の中間部屋や陸尺部屋の部屋頭で、他の屋敷にも顔が利くような連中が、部屋頭を引退してのちにかつての部屋子を寄子として斡旋しながら次第に稼ぎを拡大したり、かつて人宿で働き独立したりするようなものが多かったと思われる。かれらは、老舗《しにせ》の人宿よりも現場に通じて人間関係も強く、屋敷や場所の獲得がたやすかったろう。そのような新規の人宿が、この時期に雨後《うご》の筍《たけのこ》のように出現してきたのである。

七月に入り、町奉行は人宿の取締りとともに、日雇い・月雇いの入口《いれくち》のものや道中通し人足の請負人に、欠落奉公人を抱えないように、厳重に申渡している。町奉行とすれば、武家が腰砕けとなるなかで、奉公人の質低下や放埒な行動に対して、人宿の取締りを強化する以外に対策は立てられなかったのである。

彫り物を入れた陸尺・中間

文化八年（一八一一）八月、町奉行所は、近年奉公人や日用取・鳶人足・諸職人・車力《しやりき》・船頭に至るまで体に彫り物を施しているものが多いと注意し、若者たちはかえって伊達と心得ているが人々は陰で軽蔑し冷笑していると指摘し、手足や総身の彫り物を禁じ、組合肝煎《きもいり》と町名主から請書を提出させている。武家奉公人や武家方の日用取にも人宿や入口を通して触書が廻されているところを見ると、入墨で武家屋敷の門番をしたり、鎗を投げ上げ、挟箱を担いだりする連中もいたのである。入墨の中間を連れて城に出仕すれば当然周囲から冷笑されるだろうが、中間に面と向かって叱り付けることができない武家やその家来も、多かったに違いない。

文化十三年正月、十一代将軍家斉《いえなり》の上野寛永寺への参詣のとき、上野山内の警備に当たっていた三河野村（一万石）戸田淡路守氏宥《うじのり》の渡り徒士三人が、巡回していた幕府の徒士目付に無礼を働いた。将軍の参詣中であり、事件は重大に受け止められた。渡り徒士は直ちに入牢となり、人宿一同も町奉行所に呼び出され、上野の事件だけでなく下乗・下馬においても法外の行為が甚だしいと叱り付けられた。人宿たちは、今後下馬先に人宿の年行事・月行事などが出かけて、がさつな行為を取締り、不埒な者を寄子にしたり奉公人として斡旋しないことを誓約して、容赦を願っている。同年四月、町奉行所は組合人宿の年行事・月行事に対し、不法な武家奉公人や雇い人は、今後武家が「武家奉公構《かまえ》」にしてその旨を町奉行所に連絡することになったと通告し、統制を強めようとした。奉公構とは、今後いずれの家にも奉公することを禁じるという処分で、主君に背いた侍などが浪人したときに全国の大名や幕臣に連絡が廻り、仕官できなくなるという、侍や奉公人に対する処罰であった。それを中間などの下層奉公人にまで強化しようとしたのである。

しかし、文化十五年（一八一八）二月にも、奉公人の欠落、素人宿の取締り、供廻りのがさつ、江戸抱え陸尺の横暴、中間部屋の部屋子などの禁止を人宿に命じた従来と変わらない町触が出ており、奉公人や日用取の取締りが改善された様子はない。

文政三年（一八二〇）九月、幕府は諸大名に対し、天明八年（一七八八）に武家の責任を明記した触書を再び発布し、軽罪の奉公人の処罰と、重罪のものの町奉行への引渡しを命じた。十一月にも、町奉行所への引渡しを督促しているが、やはり武家は全体的に不甲斐なく、放埒な奉公人を引き渡せなかったのだろう。

寄子を統制できない人宿

文政五年三月、組合人宿一一組の年行事一一人と人宿徒士方惣代《そうだい》一人・同押方《おさえかた》惣代一人・同陸尺方惣代二人・同手廻り方惣代二人、さらに陸尺部屋頭惣代三人・手廻り部屋頭惣代三人は、各家主・五人組とともに総計六四人が連名して、町奉行に嘆願書を提出した。人宿が専門化して、徒士方・押方・陸尺方・手廻り方に分かれており、また各武家屋敷の部屋頭も連署しているのは、各屋敷の役人の支配よりも横の連帯が強かったことを窺わせる。

この三月には将軍家斉が左大臣に、世子の家慶《いえよし》が内大臣に昇進し、勅使が下向して大礼が執り行われ、大名幕臣も装束を着用し、平生より大規模な行列で登城することになっていた。町奉行は、大礼に混雑や事件を起こさぬように、取締りの強化と取締りの仕法書の提出を命じていたのである。町奉行所の達しを受けて、人宿や部屋頭などは鳩首《きゅうしゅ》して大礼の節の取締りを相談しているが、奉公人などが多人数なので取締りが不行届きであり、調査が進まないと取締り仕法書提出の猶予を願う一方、取締りの強化が人宿などでもできなくなっていることを訴えたのである。人宿たちは以下のように主張する。

武家奉公人は十八世紀後半の宝暦期から次第に風俗が乱れ、人宿でも多年取締りを心がけてきたが、奉公人が多人数なので行き届いていない。なかには取締りを強化しようとした人宿もいたが、厳しくすると寄子が離れていって家業が傾くようになり、強いて取り締まった人宿は、大勢から憎まれて生命の危険すら感じるほどだった。ことに、人宿を介せずに部屋頭や日雇いなどが直接請負うようになり、奉公人の風俗はさらに悪化した。人宿は毎月武家屋敷の中間部屋などを巡回して、寄子を注意し誓約書をとるなど努力しているが、近年人手不足となり不慣れなものを使用せざるを得ず、多少の瑕疵《かし》は目をつむってしまうので、取締りも行き届きにくくなった。とくに供揃えに組み込まれるとそれぞれの主人の家来となるので、主人の威光を背景に横暴な行為を繰り返しても、人宿や請負のものは手を出せない。しかし不埒なものを訴えると寄子が離れていき家業が衰微してしまう。近年では武家奉公人が、中間部屋の中で大若者・小若者・張紙仲間などと階層をつけて連帯し、人宿の指示を無視して他と口論・喧嘩を起こし、がさつがさらに増長している。そのような者を奉行所に訴えると、恨まれて難儀に陥るので、自然と取締りが緩んでおり、われわれ愚かな人宿どもは当惑するばかりである。

人宿や惣代たちは以上のように現状を嘆きながら、今後は取締りを強化し、下馬先に出張して奉公人の寄子を統制し、喧嘩やがさつな行為を止めるので、不埒なものを訴えるときには年行事の二、三名が連名で町役人を差し添える形にしてほしいと訴え、人宿や惣代のこれまでの行為は赦免してほしいと嘆願している。

人宿や入口《いれくち》のものは、もはや現場の奉公人や日雇いを掌握できず、彼らは仲間同士で階層を分けるなどして組織を作り上げ、現場の「元締」すなわち顔役が出現して、人宿などの命令も無視するほどに放埒になっていたのである。人宿が連名で不埒者を訴えるようにしたのは、寄子たちの恨みを分散する措置だろうし、町役人の差し添えを願ったのも、町方の助力を願ったからにほかならない。

入込で別荘や妾を持つ豪勢な陸尺

陸尺・手廻りのうちには出替り奉公人として特定の屋敷に奉公しているのに、「入込《いりこみ》」と称して他の数軒の屋敷の陸尺・手廻りを兼任した連中もいた。彼らの中には看板（制服の法被《はっぴ》）を着替えながら一日にいくつかの供廻りを掛け持ちしたり、印違いの看板を着たまま乗物や挟箱を担ぐ者さえいたという。また陸尺・手廻りのうちには仲間の元締となって複数の屋敷に子分を置くものもおり、彼らは理由をつけて主人の家来に祝儀金・割増金などをねだったり、部屋の中で頼母子講《たのもしこう》と名づけて掛け金を強引に徴収したりするなど、さまざまな手段で稼ぎまくっていた。そのしたたかさと放埒さは、目を見張るばかりである。

文政十年十一月、町奉行所は陸尺と手廻り専門の人宿を白洲《しらす》に呼び出し、陸尺・手廻りのうち入込と称して数軒の武家に出入りし、子分を屋敷に派遣して給金を不正に貪り取っているものを召捕り、入牢を申しつけたと申渡し、このような行為を厳しく禁じた。一方で彼らの子分たちが各屋敷の奉公を辞めてしまうと、老中はじめ主だった役人たちの供揃えが不足してしまうので、月雇い・日雇いまで工夫して人数を調達するようにと命じた。強圧的でありながら、人宿に縋《すが》り付くような町奉行所の態度は、武家の行列が連帯を強めた陸尺や手廻りたちと、それを横断的に掌握した現場の顔役の力なしには動けなかった事実を物語っている。そのような顔役には、人宿すらも手を出せなかったことは、文政五年の人宿・部屋頭の嘆願書からも知られよう。

町奉行所がこのとき召捕った元締は数十人に及んだという。最も豪勢だった元締は「頼朝」と仇名された久保町の吉という男であり、中間でありながら数人の妾を持ち、それぞれ別荘に囲っており、贅沢三昧で豪華な衣装を纏い、別荘の庭の造作に数百両をかけるほどの生活をしていたという。召捕られたときも、縞縮緬《しまちりめん》の小袖を何枚も重ね着して縄をかけられたと噂されるほどだった。しかし、このような男がいなければ、老中すら行列を組むのが困難なほど、陸尺・手廻りたちによって武家の行列は乗っ取られていたのである。

陸尺などの賃銭と増し賃

文政十二年に入って、町奉行所は陸尺・手廻りなどの日雇い賃銭の値下げを企て、組合人宿や入口の者と交渉を重ねた。四月に陸尺の入口をしている一二人の人宿から、陸尺賃銭の仕来《しきた》りについて書上《かきあげ》が提出された。それによると、陸尺には身長で四階層に別れ、それぞれ次のような日雇い賃銭が決まっていたという。

上大座配	五尺八寸〜六尺	明《あけ》六ツから暮《くれ》六ツまで	銀一〇匁位
中座配	五尺六寸五分〜八寸	同	銀七匁五分位以下

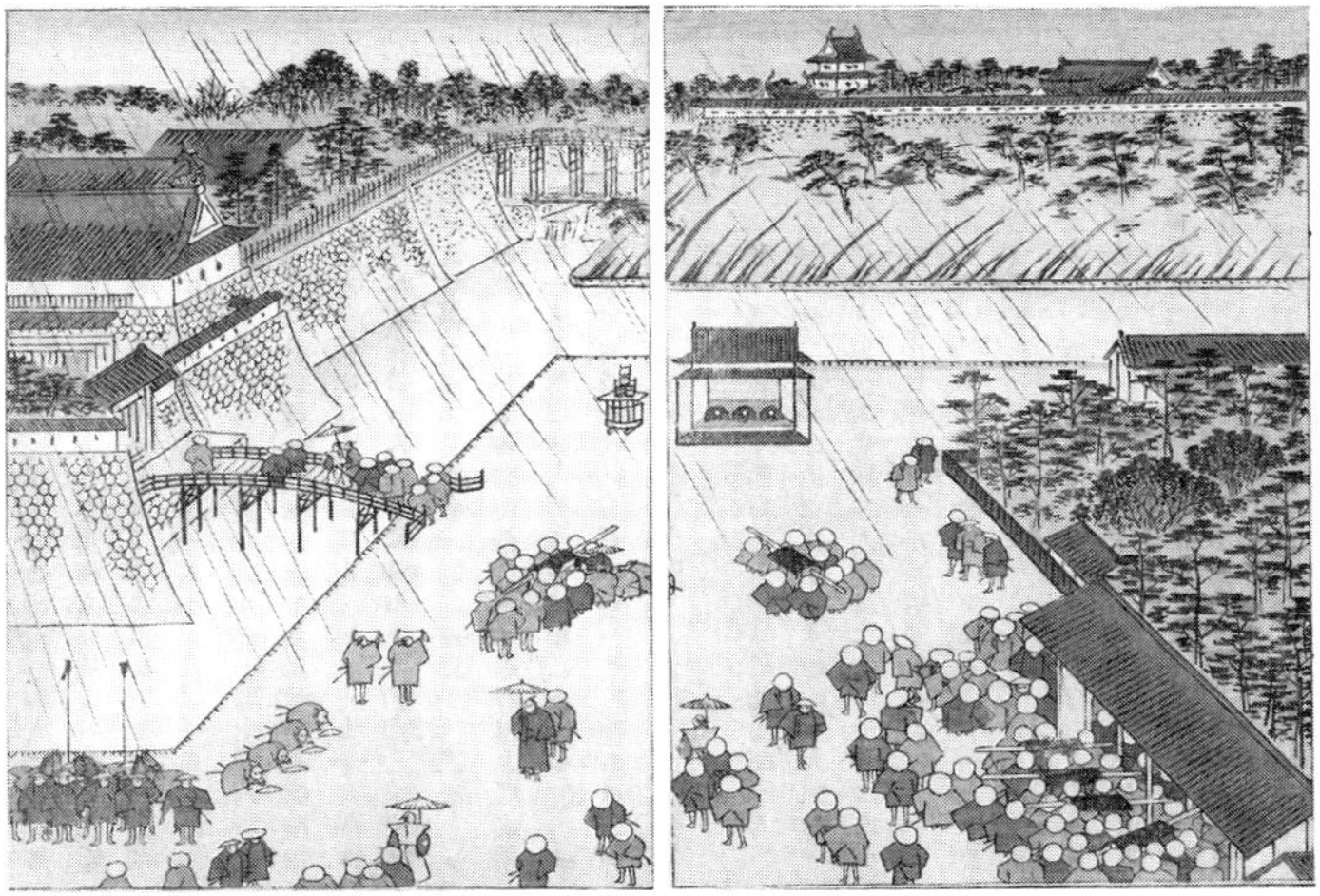

図22　雨の西丸の下馬先（『徳川盛世録』）
供は雨中でも待ち続けなければならなかった．

並小座配　五尺五寸五分〜六寸五分　同
銀五匁五分位以下

平人陸尺　五寸五分以下　同
銀二匁五分位

身長が約一七四センチ以上、一七〇センチ以上、一六五センチ以上で賃銀に差があった。それだけではなく、雇いの時刻が明六ツ（午前六時頃）から暮六ツ（午後六時頃）を超えると割増となり、屋敷への帰着が夜九ツ時（午前〇時）を過ぎると二人前、明六ツを過ぎると三人前となった。また日本橋より一里ほど外に出ると「立場越」と称して半人分増し、二里以上なら「棒はずれ」といって一人増しとなり、弁当代を支給する屋敷もあった。さらに正月元旦から七日までは二人前、正月十五日までと十二月二十日過ぎは一人半前、五節句や式日・大礼などの登城も二人前の賃金であったという。

八月、町奉行所は、たびたび人宿を呼び出し値下げを申渡したが、人宿たちは若干の値下げは了承したもの、その他時刻の超過や棒はずれなどは、朝早くから夜遅くまでの仕事で翌日の稼ぎに差支えるとか、武家屋敷側が支給していることだとか、人手が集まらないなどと理由をつけて、しぶとく抵抗したのである。町奉行所は、徒士・押足軽の入口の者にも値下げを申渡しているが、こちらも徒請負の人宿五人・押足軽請負の五人・陸尺請負の一一人・手廻り請負の一二人が連名で嘆願書を出して抵抗を見せた。嘆願書には、拘束時間の長さを強調し、毎日一人の人宿が三〇人から一〇〇人もの日雇いを手配しているが、多くの屋敷にそれぞれ少人数の供を手配するので、値下げをすると人が集まらず、一〇人必要なところを四、五人で行うようになると主張し、多少の賃銭引下げに応じたものの、奉行所の思うとおりにはならなかったのである。

したたかな渡り者と癒着する役人

天保改革の組合解散と「張訴」

天保期（一八三〇〜四四）に入っても、事態は変わらなかった。天保の飢饉で江戸にはさらに流入者が増加したから、供の者のがさつは一層大胆になっただろうが、幕府は従来と同様に、素人人宿《ひとやど》の取締り、奉公人の欠落やがさつの禁止、江戸抱えの陸尺《ろくしやく》の横暴、中間《ちゆうげん》部屋の部屋子の取締り、さらに鎗の投げ上げの禁止などを布告するにすぎなかった。ただ、奉公人たちのがさつな行為や博奕《ばくち》などの犯罪は目立っていた。一方で、天保九年三月に焼失した江戸城西之丸の造営に、手廻り方の人宿が人足として一日一五人ずつ一〇〇日間、延べ一五〇〇人を日頃の「国恩」に報いるために差し出したいと、したたかな願書を提出している。町奉行所は、神妙な願いで奇特なことではあるが、すでに御用人足の割当てが決定しており、混雑のなかで口論が起っても困ると、この願いを却下しているが、がさつな手廻りたちが人足に口論をしかけるのを危惧したのが本音だったに違いない。

天保十一年の組合人宿の寄子は、三万五一四三人を数え、その大部分は江戸の人別を持っていなかったという。奉公人・日雇いの多くは、生まれ故郷を捨てて江戸に流れ込んだ者だったのである。

天保十二年、天保改革が開始された。厳しい風俗統制と問屋株仲間の解散のなかで、人宿も波に飲み込まれた。天保十三年三月、人宿組合も解散を命じられ、素人人宿の取締りもなくなったのである。

天保十三年九月、町奉行所に、陸尺方の人宿がまだ密かに組合を続けているという投書があった。「張訴《はりそ》」と書かれているので、何者かが門前か塀にでも張ったのを奉行所のものが見つけたのだろう。

町奉行から人宿の探索を命じられた定廻《じょうまわ》りは、探索の結果、人宿が組合を解散していることを確認して、張訴が、高輪辺に料理茶屋を営む力五郎なるものと子分の和助ではないかとの風聞を報告している。力五郎は以前追放となって赦免されたものだが、株仲間解散後に武家屋敷をまわって日雇いなどの請負を売り込んで人宿と競り合っており、和助は陸尺方請負の京橋金六町武蔵屋重右衛門と南佐柄木《さえき》町三河屋吉六に対し、給金などで貸しがあると言いがかりをつけていたという。

人宿と役人の癒着

探索書において、定廻りは、組合は解散しているといいながらも、陸尺の仲間は、部屋頭・若イ者・小若イ者・張紙仲間などと階層があって、順に出世するシステムができており、実質的な仲間の結合は続いていると指摘している。かつ陸尺の給金は一人金七両程度だが、二割以上の一両二分は人宿が引き落としてしまい、一方で寄子に金を高利息で貸し付けて給金から引き落としていると、人宿の中間搾取に言及している。さらに探索書は、人宿と屋敷の役人たちとの癒着や贈賄にも注目しているのである。

人宿は武家屋敷の関係役人に毎年付届けをしており、それは大名屋敷でおよそ勘定奉行二軒・同下役二軒・供頭二軒・供目付二軒・徒士目付一軒・小頭一軒・用人二軒程度であり、屋敷によっては蔵方役人・吟味方・門番にまで渡っているという。これらの家に、年始に扇、三月に干し大根、五月にカサゴの干物、暑中に芋籠《いもかご》、盆に素麺《そうめん》、九月に干し肴、寒中に玉子、暮に塩引き鮭を贈っており、一軒につき金一分二朱ほどの費用になると指摘している。一方で、一〇人分の給金を取りながら八人しか寄子を出さずに、給金の差額をごまかしているというのである。

陸尺などの実態と部屋頭・役人の癒着

二ヵ月後に提出された市中取締方名主の探索書は、陸尺・足軽・手廻り・中間の勤務内容と給金を取り調べており、さらに衝撃的である。探索書では、まず陸尺の給金が年に金六両から一三両程度で他にも三両二分程度、二人扶持から三人扶持の収入があるといい、日雇い賃金は前掲の文政十二年（一八二九）と同額で大座配・中座配・小座配・平人の差があり、陸尺の多くは武家屋敷の陸尺部屋に所属しながらも実際には町中に居住して妻子を持っていると指摘している。彼らの給金は、屋敷から人宿に渡されるが、たとえば一〇両なら三、四両を人宿が搾取し、屋敷の部屋頭や棒頭といった世話役に六、七両が渡されるが、実際に陸尺に支給される額は不明で、さまざまな屋敷からの支給も人宿や部屋頭などが受取り、陸尺には渡らないというのである。文政十年に召捕られた陸尺部屋頭の「頼朝」の豪勢な生活は先述したが、彼らはこうして稼いでいたのである。ほかに供先で雨に降られるなどして臨時の増し賃が支払われることもあったが、これも部屋頭や棒頭が懐に入れ、陸尺たちには酒を飲ませてごまかしたという。

しかし陸尺も、一人で屋敷を五、六件も掛け持ちしており、大座配・中座配などは一年に給金が三〇〇両にも達するものがいると、探索書は指摘している。彼らのうちには大名の乗物を掛け持ちして稼ぎ、一日五、六両を得るものもいたと記している。

足軽給金は、三両から六両程度でほかに一人扶持か一人半扶持などが出ており、これも部屋頭や人宿が搾取していた。足軽部屋は、幕臣の屋敷では畳や建具もあったが、大名屋敷では板の間で、建具の費用まで給金から引かれたという。手廻りの給金は四両から九両程度で、大座配・上手手廻り・中手廻り・並手廻りの階層があり、日雇い賃金に差があった。手廻りも町に居住する者が多く、部屋頭はおらず世話役は小杖《こづえ》といったが、給金・賃金は小杖や人宿が受取っていた。

中間の給金は二両二分から三両程度であったが、金一両につき二朱ずつを人宿などが判代と称して受取っていた。八分の一は人宿の手に渡ったのである。残りは部屋頭に渡され、毎月支払われたが、中間が受取ったのは一年に銭八貫文にしかすぎなかった。金三両は当時銭二〇貫文程度だったから、半分近くを部屋頭が搾取していたことになる。屋敷によっては毎月草鞋《わらじ》代や塩味噌代が支払われたが、すべて部屋頭が受取っていると、探索書は指摘している。

ただし、部屋頭にも言い分はある。この時期には、奉公人が欠落したり給金を持ち逃げしたりしたとき、部屋頭が弁償していたのであり、奉公人に余計な給金を持たせないようにしていたというのである。しかし、奉公が終わったときに一括して与えたとは書かれておらず、結局私腹を肥やしているのである。

こうして、人宿は寄子を部屋頭に斡旋するだけになり、実質的に奉公人・日雇いを支配したのは部屋頭・棒頭など現場を掌握したものとなっていた。すでに人宿は名目だけになり、人宿は部屋頭に頼み込まなければ、寄子の斡旋もできず、寄子たちは部屋頭の命令には従っても、人宿の指図には聞く耳を持たなかったのである。もちろん、中間部屋もない小身の武家に日雇いを斡旋することはできただろうが、一ヵ所が小人数で儲けも少なく、株仲間の解散で、部屋頭を引退したような連中が、新たな人宿・入口になり、旧来武家奉公人を支配していた組合人宿の力が衰退していったのである。

一方、部屋頭などは武家屋敷の役人たちとの癒着を深めていた。急な雨に濡れて増し賃を要求し、部屋頭・棒頭などが懐に入れて、陸尺には酒を与えたという事例はすでに紹介したが、そのとき屋敷の留守居や掛りの役人は、屋敷の経費から増し賃を一〇両出して、内五両を自分たちの懐にいれ、残りの五両を部屋頭たちに渡していたというのである。いずれの藩でも財政窮乏に苦しんでいるとき、役人の中にこのような手合いもいたのである。探索書の記述であるから、一般に横行していた役人の不正なのであろう。

「妖怪」さえ躊躇した取締り

探索書が提出された翌月の天保十三年十二月、南町奉行鳥居《とりい》甲斐守《かいのかみ》忠《ただ》耀《てる》と遠山左衛門尉《さえもんのじょう》景元《かげもと》の連名で出された老中水野忠邦《ただくに》への伺書は、現状を批判しながらも、一斉に人宿などを召捕り吟味しても、却って「一統恐れ入り候のみにもこれなく、時節柄難渋いたすべく」と、人宿や武家奉公人は承服しないだろうし、武家の行列や行事、はては政治にも影響が大きいと、躊躇《ちゅうちょ》しているさまを窺わせる。この当時、江戸町中の風俗取締りや諸物価引下げ、庶民文化や思想に強い抑圧を加えて恐れられた「妖怪」鳥居忠耀にしては、ずいぶん弱気に見受けられる。しかし、町奉行も奉公人や日雇いの機嫌を損ねては、江戸城に出仕すらできなかったはずである。人宿の寄子の多くが流入者であることを考えると、翌年の人返し令にも関わり、町奉行にとって、がさつで御上をも恐れない武家奉公人の存在は、頭の痛い問題だったに違いない。

町奉行が老中水野に提案した町触案は、奉公人たちの不埒な行動を禁止し、人宿の寄子の名前・生国・下請人などを取調べ町名主が管理するよう申渡し、給金の引下げや部屋頭の搾取禁止を命じたものであったが、この町触では効果がなかったことは、翌天保十四年

（一八四三）三月、人宿が諸国からの流入者を寄子としていると指摘した町触でも確認できる。それからしばらくして、天保改革は失敗したのである。

天保十四年閏九月十三日、水野忠邦が罷免されて西之丸下の上屋敷を取り上げられ、即日三田の中屋敷に移転するよう命じられたとき、大勢の群集が集まって水野の悪行を罵り、屋敷に投石して辻番所を叩き壊したが、このとき召捕られ敲《たた》きの上重追放に処せられた二四人のうち、実に二〇人が武家の中間たちであり、町人は四人にすぎなかった。

こののち、武家奉公人すなわち渡り者は、天保改革の探索書で描かれた状況がさらに大きくなりながら、幕末に至るのである。

このころ「渡《わたり》徒《か》士《ち》知レ道《みちをしる》」という小咄《こばなし》がある（『続《ぞく》道《どう》聴《ちょう》塗《と》説《せつ》』）。

渡り徒士二人連れにて昌平坂を通りけるが、聖堂を見て一人申すよう、「爰《ここ》は何という寺だの。」一人答えて「貴様は是《これ》を知らぬか、これは唐の孔子様という聖人だわな。」一人又問う、「なに孔子という唐人だ、そしてどんな利生《りしょう》があるな。」一人答えて、「唐・日本に二人とない道を教えて下さる御方よ。」という。一人冷笑して、「道を教えるもすさまじい、唐人の癖に。凡《およ》そ江戸じゃア、供で俺程の明るい者は有めえ。」

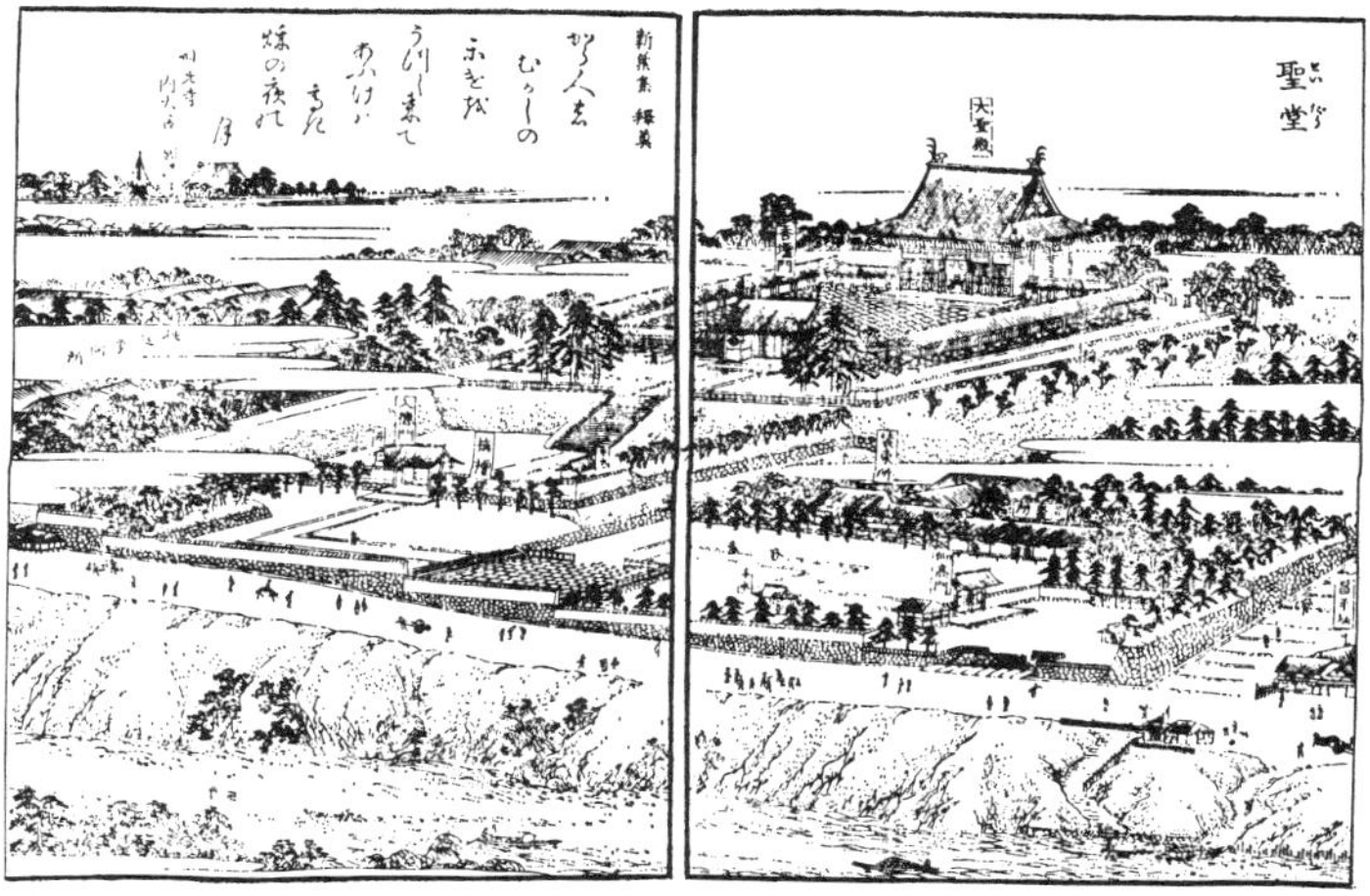

図23　湯島聖堂（『江戸名所図会』巻之５）

湯島聖堂や昌平坂学問所も、さまざまな武家の供を経験して、江戸中の路を諳《そら》んじている渡り徒士にとって、道を教わる必要はなかった。彼らは公儀の権威や学問に対して、何も感じていなかったのである。

渡り奉公人や日雇いに行列を牛耳られ、賃銭支払いの滞る屋敷の乗物は揺さぶられたりドスンと落とされたりして、中の主人は青くなり、武威の象徴のはずの鎗《やり》は弄《もてあそ》ばれ、乗物の周りの家来たちは彼らを取り締まることもできない。それどころか、鎗が派手に振り回されるのを見て喜んでさえいる。渡り奉公人は陸尺部屋・中間部屋などの部屋頭が押さえ、斡旋した人宿すら手を出せない。部屋では博奕や高利貸しで、部屋頭が奉公人をがんじがらめにし、耐えられない者は欠落する。渡り奉公人も、したたかな者は掛け持ちをしながら稼いで、なかには他の屋敷の衣装で乗物を担ぐものさえいる。一方で、格差が拡大して上層の町人や一部の武家たちが「粋」や「通」を好み、精錬された優雅なしぐさを賞賛する中で、生まれ故郷を捨てて江戸に流入した渡り者たちの粗野で放埒な行動は、このような格差社会やそこで生まれた文化に対する痛烈なアンチテーゼでもあったといえよう。他方で渡り者たちは、行列の足運びや挟箱《はさみばこ》の担ぎ方、鎗の投げ上げなどに独自のしぐさや作法を持ち、自分たちの社会を作り上げていたのである。

人宿は利潤だけを考え、寄子を手広く斡旋するため、屋敷の役人に付届けを欠かさない。部屋頭は理由をつけては増し賃銭を要求するが、下には渡さない。江戸屋敷の役人も部屋頭と癒着し、要求された増し賃銭を出しながらも、その半分を自分の懐に入れてしまう。国許では藩財政が窮乏し、年貢や運上金などの取立てをめぐって一揆が起こっている藩さえあるのである。

武家と人宿・部屋頭・渡り奉公人、つまり利権を貪《むさぼ》る役人と癒着する派遣業者、貪欲な現場の顔役、したたかで放埒な派遣された渡り者という関係は、以上のようなものだった。しかし、どんなにがさつを繰り返しても、渡り者たちは武家の権威に縋《すが》り付かなければ存在価値がなかったのであり、個々の主人や役人には反抗し、武家社会を形骸化しても、身分的には武家を超えられなかったのである。

そのような現実の中で、情けない武家たちの意識を覚醒させようとしたのが「武士道」論であったが、基本は主君への忠義、父祖や先祖への孝行を強制するとともに、身分的な格差すなわち差別をさらに助長し堅固にしながら社会を安定させようという理論であり、それを無視して下々や社会のために行動する思想ではなかった。武士道の本質が、自己の生命、それ以上に家族や家来・下々の命を犠牲にして主君や身分の上の者に尽くすという行為であり、自分より下の者の生命の軽視が基本であることが、現在どの程度認識されているだろうか。もちろんそれが、近世の「武威」と平和を保つ武家の役割ではあったが。

華美になり消えていく――エピローグ

ペリー来航と諸大名の出陣

天保改革で解散した問屋株仲間は、大目付から南町奉行に転じた遠山景元《とおやまかげもと》によって再興し、嘉永四年（一八五一）、人宿《ひとやど》も組合が再興された。その直後の嘉永五年閏二月、人宿に対して奉公人の欠落、素人人宿、供廻りのがさつや鎗の投げ上げ、江戸抱え陸尺《ろくしやく》の横暴、中間部屋の部屋子、奉公人の諸家掛け持ちなどを取り締まる町触《まちぶれ》がでており、奉公人・日雇いなど渡り者たちの様子は天保期と変わらなかった。

嘉永六年六月、浦賀沖にアメリカ艦隊四隻が到来したとき、武家たちは江戸湾の防備に動員された。ペリーは開国を要求したアメリカ大統領の国書を手渡し、半年後の翌嘉永七年正月に七隻で姿を見せた。すでに嘉永六年十一月、江戸湾の防備が増強され、一の台場を川越藩松平家、二の台場を会津藩松平家、三の台場忍《おし》藩松平家と、徳川家の血統が伝わる譜代大名を配置し、羽田・大森辺に彦根藩井伊家、本牧《ほんもく》辺に鳥取藩池田家、三浦半島に熊本藩細川家と長州藩毛利家、房総半島に岡山藩池田家と柳川藩立花家が陣屋を設置して警備を命じられていた。

米艦隊の再来により、幕府は金沢藩前田家・福井藩松平家・津山藩松平家・徳島藩蜂須賀家・松山藩松平家・桑名藩松平家・姫路藩酒井家などにも江戸の防備のための出兵を命じ、在府の諸大名にも人足を屋敷内に用意し武器を揃えておいて、火災や江戸城警備に備えるように通達した。

もう気が付いたと思うが、諸大名は武家奉公人や鳶人足を人宿などの調達に頼っていた。人宿の売り手市場となったどころか、人手が不足したのである。町奉行所は、早速、人宿に対して賃銭引き上げを禁止しており、とくに素人の人宿が過分な賃銭を要求していると指摘している。しかし、こうして寄せ集められた渡り奉公人が鎗を持ったり、徒士《かち》や足軽となったりして構成された諸藩の軍勢が、行列だけは華々しくても、いざ戦闘になったら役に立ったのだろうか。

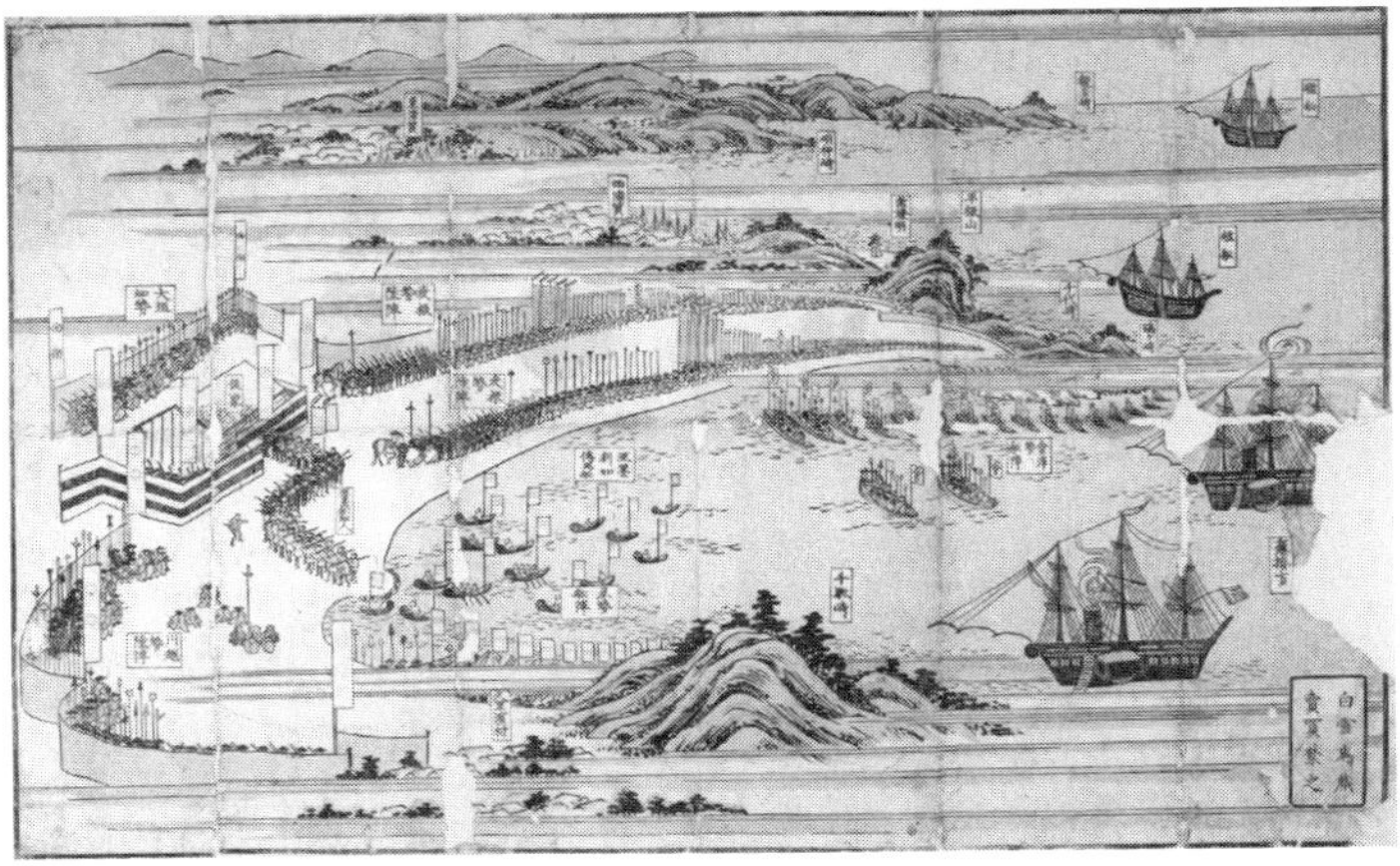

図24　嘉永６年（1853）久里浜応接図（横浜開港資料館蔵）
ペリーの久里浜上陸を画く瓦版．海陸を会津・忍・彦根・大垣・川越の諸藩の軍勢が囲むが，大半は渡り者で構成されていた．

近年、瓦版が見直されている。従来、瓦版を通してペリーの顔を見た人々が驚愕し、異国の襲来を恐れて不安を掻き立てられ、幕末の政情に繋がっていくというのが通説であったが、近年の研究では、もっと人々は成熟しており、瓦版も諸大名の厳重な軍備を強調するものが多く、米艦来航の情報を安心して見ていたという。たしかに、落首なども、日本側の慌てぶりを揶揄《やゆ》するものばかりが教科書などに掲載されているが、実際には、日本の軍備や威光などに対してアメリカが恐れて退散するとか、神風を願うような内容のほうが圧倒的であり、教科書などによく出る落首が、当時の日本の人々の心情を代表しているわけではない。

しかし、渡り奉公人や日雇いで外観だけの体裁を整えた大名たちの軍勢を見て、彼我の軍備の実態を知っていたなら、当時の人々は安心していただろうか。

行列の格式を競う諸大名

安政七年（一八六〇）三月、大老井伊直弼《いいなおすけ》が桜田門外にたおれてから、事実上江戸城は日本の政治の中心としての地位を失っていくが、安政の大獄に象徴された幕府の専制的な政治が崩壊したためか、この以後に、却って諸大名が行列の格式を上げようとする動きが続く。

万延元年（一八六〇）五月、越前勝山藩（二万二〇〇〇石余）小笠原長守は、先祖が財政難のため供立を省略していたものを元の格式に戻したいと願い、八月に先挟箱《さきはさみ》と黒羅紗《くろラシャ》の駕籠《かご》日覆《ひおおい》を許された。『藤岡屋日記』には次の落首が記されている。

小笠原流義で持ちし挟箱　先へ立るに持つが勝山

「持つが勝」に、格式を飾り立てる大名とそれを見る人々の意識が窺えよう。

同年八月には、近江山上藩（一万三〇〇〇石）の稲垣太篤《いながきもとあつ》も、同様の願いにより先挟箱と黒羅紗の駕籠日覆を許されている。稲垣は当時若年寄であった。同じく『藤岡屋日記』。

いにしへハ持ちし茗荷《みょうが》が格式を　改代町ときく挟箱

稲垣の家紋抱き茗荷に冥加をかけている。改代町は同じ稲垣でも志摩鳥羽（三万石）の稲垣長明の下屋敷であり、山上藩稲垣氏と鳥羽藩稲垣氏を混同したのであろう。

このような行列の格式を飾ろうとするのは、小大名ばかりではなかった。文久元年（一八六一）正月、筑前福岡藩（四七万三一〇〇石）の黒田斉溥《なりひろ》に三本道具すなわち行列に三本の鎗を立てて江戸城に登城した。黒田は前年十二月に少将から左中将に昇任しており、それを機に許可されたのである。黒田家は古来一本道具だったが、宝暦十三年（一七六三）に二本道具を許されたことはすでに述べた。それが幕末に三本となったのである。肥前佐賀（三五万七〇〇〇石）の鍋島直正も、安政六年十二月に中将に昇任していたが、黒田と同時に三本道具を許されている。

黒田の中将三本道具　一本の道具ニ日本のたしになり　今三本と四位の中将
鍋島の三本道具　金紋の箱で日本を暉《てら》し　また一本ハ是《これ》茗荷也

この落首も『藤岡屋日記』であるが、一本は一品すなわち位階の昇進、黒田の日本は、同家に伝わる名鎗《めいそう》「日本号」を指しており、鍋島の茗荷は家紋の抱き茗荷と冥加をかけたものだろう。ただこの二家に対する三本道具の許可は、弱体化した幕府が格式の付与で雄藩を懐柔しようとした策であるが、大名たちが行列を飾り立てようとする意識があったか

図25　下馬先で寝そべる奉公人（学習院大学図書館蔵『諸大名登城之図』）

らこそ与えられたのである。幕末になって武家の時代が終わろうとするなかでも、このような意識は高まりを見せており、薄れることはなかった。このような意識で形骸化した行列を飾り立てることこそが、近世の武家社会を解体させる要因になっていたことを、行列に参加した者や、それを見ながらさまざま評判する人々は気がつかなかったのだろうか。醒めた目で見ていたものも多かったはずである。行列はまさに「はだかの王様」だった。それは、江戸城はじめ武家の御殿や屋敷で繰り広げられた儀礼にもいえることである。近年の儀礼研究には、将軍や主君の権威だけを高める繁文縟礼が繰り返されたからこそ、支配体制が形骸化し近世社会が崩壊したのだという視点が、あまりないように感じる。近年近世の由緒や儀礼に関する研究が多くの業績を上げているが、その大半はその有効性を強調し、それを享受したり設定したりした立場から論じられているように思える。儀礼や由緒は享受できずに差別されたものが多いからこそ有効なのであり、排除され差別された人びとが如何に多いのかを考えているのかと思える研究さえある。

失職した奉公人と歩兵

文久二年（一八六二）閏八月、幕府は参勤交代の制度を廃止し、「常々在国・在邑致し、領民の撫育は申す迄もこれなく、文を興し武を振るい、富強の術計厚く心がけ」るように命じた。参勤は三年に一度となり、諸大名の家族は帰国し、江戸藩邸は火の消えたようになった。帰国の行列には、通し日雇が使用され、人宿などは手配で忙しかったものの、帰国が終わったとたん、武家奉公人や日雇は仕事が極端に少なくなったのである。そのうえ幕臣たちの供連も減少を命じられ、屋敷の中間や下女も最低限の人数にするように通達された。彼らの失職は、江戸中を巻き込む大問題となったのである。

同年九月、幕府は、諸役人の供連を減少し、在府の諸大名も減ったので、人宿などが請負って寄子としていた足軽・中間などが失職していると触れている。さらに彼らの多くは郷里を離れて江戸に流入し、長年武家奉公をしていたので、手に職もなく職人や商売ができるわけではなく、江戸では落ち着くところもなくなったと指摘し、帰郷を希望するものは手当金を与えて、代官や領主の役人に町奉行から引き渡すので、身寄りのものに引き取らせ、農業や山海の稼ぎを世話して郷里で安住できるように対策を立てよと、全国に布達した。ただ、このような政策がどの程度効果があったかは、寛政改革の旧里帰農令・天保改革の人返し令を考えても疑問である。町奉行所や町名主たちは、治安の悪化を心配したのだろう。

同じ文久二年、幕府は軍制改革を断行し、幕府直属軍を近世的な軍隊から近代的な軍隊に改編しようと企てた。これにより同年十二月、近世初期以来の軍役は大きく変化し、いままで知行・俸禄に応じて出陣の人数を定めていた幕臣の軍役を半減したため、従来の人数は不要になった。その代わり、知行取は石高に応じて知行所の農民を「兵賦」として提出し、切米取《きりまいどり》は俸禄に応じた金額を提出することとし、兵賦や集められた金で雇ったものを銃隊に編成して歩兵組を設置することとなったのである。

多くの幕臣は窮乏しており、知行所から「先納」という年貢の先取りをしたり、名主や豪農などから借金を重ねていた。そのような状況で、さらに知行所から村人を兵賦を提出させるのは村の反対も強く、幕臣の多くは知行所からの上納金で人宿などから人足を雇ったようである。

歩兵組は、歩兵奉行・歩兵頭・歩兵頭並・歩兵惣目付といった老中支配の役職の下に、歩兵差図役頭取・歩兵差図役・歩兵差図役並などが置かれ、一大隊約四〇〇人で一六大隊を編成する計画だった。この歩兵に採用されたのは、結局元の武家奉公人や日雇い・鳶人足などが多かった。のちこの歩兵組が長州戦争などに出陣して活躍し、戊辰戦争《ぼしんせんそう》では関東・東北を転戦しながら新政府軍を悩ませ、五稜郭《ごりょうかく》まで到達することは、野口武彦氏『幕府歩兵隊』に詳細である。

一方で歩兵たちは、見世物小屋で大喧嘩したり、吉原に討ち入ったりして相変わらず騒動を引き起こした。また慶応三年（一八六七）九月に、新たな軍制改革で旗本から提出された兵賦五〇〇〇人が解雇されると、憤慨した歩兵数百人が寺院に立て籠もり、江戸市中を混乱に陥れた。

軍制改革は、軍隊の行軍を改編し、近世的な供揃えを不要にした。幕府と同様に諸藩も軍制改革を実施しており、形骸化し飾り立てられていた大名行列の意義は失われていったのである。それは近世的な武家社会の終焉《しゅうえん》でもあった。幕末・維新期に銃砲中心の戦争に転換すると、近世の軍役体系に規定されていた武家の重層的な主従関係や奉公人を払拭していくのである。

平和と「武威」の矛盾

軍事政権でありながら軍事力を発動せずに、世界に稀な平和な時代を維持した近世の武家政権は、「武威」を誇るという形で支配の正統性を主張した。家臣団は軍事組織として形成され、武家は軍役を負担するために家来や奉公人を抱えたが、武力の発動ができる限り抑えられていたため、その軍備は形骸化していった。武威を示すのは、見せるための城郭・居館や武具であり、武具と人を並べて行進するのが行列であった。

武家が平生は不要な人数を行列では揃えなければならず、人宿を介して渡り奉公人を召抱え、日雇いも利用するようになると、武家の行列は次第に形骸化していく。また十八世紀以降、江戸の発展とともに流入した者が奉公人・日雇いとなり、彼らの欠落やがさつな行為が問題化していく。武家も行列を飾るようになり、雇われた徒士《かち》・陸尺《ろくしゃく》・中間などの放埒な行動は止まるところを知らなかった。

武家屋敷の中間部屋では、部屋頭が中を支配し、犯罪者まで部屋子として抱え入れ、博《ばく》奕《ち》と高利貸しで奉公人を束縛し、逃れて欠落する者も出た。しだいに人宿も奉公人の取締りに関与できなくなり、行列における渡り徒士・陸尺・中間などのがさつはさらに激しくなった。武家も彼らを統制することができず、幕府も禁令を繰り返し出すだけだった。また、江戸屋敷の役人の中には、部屋頭と癒着して私服を肥やすものさえいたのである。

武家の行列は、本来の軍事的なパレードで武威を誇るという意味を次第に失い、渡り者たちによって「祝祭」化されていった。それは武家社会の解体の象徴でもあり、幕末の軍制改革で、武家の軍役とともに行列もその意味を失うのである。

しかし、このような武家社会だったからこそ、平和が保たれ、諸産業が発達して民衆文化が発展し、人々の知識が高まっていったと筆者は考える。享保期（一七一六～三六）に出替り奉公人を痛烈に批判した荻生徂徠《おぎゅうそらい》が、『政談《せいだん》』で論じた理想の社会は、堅苦しい制度によって人々が統制され、身分・格式に縛られ、服装までが身分によって明確に差別されたものであり、下々の生活が豊かになっていくという社会の発展を止めようとするものであった。そんな社会であったら、民衆の活発な活動は制限され、産業経済の発達や成熟した民衆文化など無視され抑圧されたであろう。

長い歴史の中で形成されてきた貴種意識や身分差別の感覚は、平和になったからといって直ちに消えるはずはない。近世の人々が、次第に成熟していきながら常識そのものも変化を遂げ、人々が社会のさまざまな矛盾や身分差別に疑問を持つようになり、近代社会を受け入れるだけの実力を持つのに、三〇〇年かかったのである。

この間に平和を武威で保ったのが近世の武家政権であったが、それが儀礼化して形骸化しながら解体し、近代に移行していくという過程が、行列に象徴的に現れたのである。武家の支配体制や組織が形骸化するなかで、下請けや派遣が武家の役人を超えて実力をつけていき、さらに近世の支配体制の解体を促進したのである。彼らの批判に使われた「がさつ」という言葉は、格差が拡大して上層の町人や一部の武家たちが「粋」や「通」を好み、精練された優雅なしぐさが賞賛されるなかで、生まれ故郷を捨てて江戸に流入した渡り者たちの粗野で放埒かつ虚無的な行動を指したものであった。彼らの「がさつ」な振る舞いは、このような近世後期の江戸の格差社会や、そこで生まれた文化に対する痛烈なアンチテーゼでもあったといえよう。江戸の民衆文化といっても、身分的な格差社会の所産であり、平等なものではなく、享受した階層は偏っていたのである。一方で、渡り者たちは、武家の権威に寄生しながらも個々の武家や町人を見下し、横暴と放埒を重ねていたが、行列の足運びや挟箱《はさみばこ》の担ぎ方、鎗の投げ上げなどに独自のしぐさや作法を持ち、自分たちの社会を作り上げていたのである。

現在各地で繰り広げられる大名行列のセレモニー、特に鎗の投げ上げは、実は武家社会の形骸化と、そこで実力をつけ行列をのっとった渡り者たちの「祝祭」を象徴したものであり、その意味では歴史的な所産として現代にふさわしいのかもしれない。

近世の武家社会と渡り奉公人・日雇いの問題を考えるとき、近世社会、江戸の社会構造の展開に位置づけていかないと、背景が明確にならないが、ほとんど省略せざるをえなかった。かつ、譜代大名が担当した江戸城各見附の門番と主に外様大名が負担した大名火消、それを支えた日雇いや鳶の者、参勤交代の徒士・足軽・陸尺・中間となった通し日雇いと請負った飛脚問屋などの実態、さらに江戸城下馬先の姿などを合わせて描かなければならないが、紙幅の関係から省略した。他日を期したい。

あとがき

本書は、吉川弘文館編集部の一寸木紀夫氏から、五年前に執筆を依頼されていたのだが、多忙にかまけてなかなか書けず、ずいぶん手古摺《てこず》らせることとなり、申し訳なく思っていた。昨年の夏たまたま足を骨折して、夏休みの一ヵ月間ほとんど休みなく入っていた会議や出張・調査などをすべてキャンセルせざるを得なかった。そこで動けない間を利用してまとめようと思いたったが、片足では本が急に重く感じられるようになり、上の書棚から史料を取るのも少々辛かった。しかし、松葉杖をついている間に、妻の介護を受けながら何とか粗原稿を仕上げることができ、そののち多少の訂正を加えたのが本書である。

はじめの予定では、『三河物語』や大久保彦左衛門を題材として、戦国末から近世前期の幕臣団の成立を書くことにしており、以前に小川恭一先生からも、幕臣団の番方の成立について筆者の研究が納得できると励まされたこともあり、それを簡明に概説としてまとめようと思っていた。一昨年に先生が逝去されたとき、「やはり書かなければ」と意を新たにしたのだが、本務の多忙さからまだ中途のままである。一方で近年武家の行列に関する史料を調査・収集しており、その過程で検討していた人宿と奉公人の渡り者を武家社会の展開に位置づけてみたいとも思っていたため、結局こちらを先行させてしまい、史料から見える無責任や癒着・派遣の実態に憤慨しながら書いていたら、このような形にできあがった。ただし、家臣団や番方についての概要、大久保彦左衛門の話も申し訳程度、本書の前半部分に組み入れた。大名行列に注目しているのは、近世武家社会の構造そのものが行列であり、多様な特徴が集約されており、その変質の中に近世社会のさまざまな動向が特徴的に見られると考えているからである。まだ行列の構造そのものも論文として発表しておらず、そのほか中世以来の武家の行列の分析、参勤交代の編成と宿駅・関所など、未解決の問題が多く残っているが、順次検討しており、今後また時間ができればまとめたいと考えている。

編集・校正に当たっては、編集部の並木隆氏に大変お世話になった。九年前の拙著に引き続いて担当していただき、ありがたい限りである。また、研究や調査を通じて多数の方々や各地の諸機関にもご高配をいただいた。とりわけ研究員会議や史料調査でさまざまなどご教示をいただいた学習院大学史料館、史料調査や図版掲載を許された学習院大学図書館・國學院大學図書館に謝意を表する次第である。

二〇〇九年八月

根岸茂夫

参考文献

史料

『江戸町触集成』塙書房、一九九四年
『御仕置裁許帳』（『近世法制史料叢書』一）創文社、一九五九年
『御触書寛保集成』岩波書店、一九三四年
『御触書宝暦集成』岩波書店、一九三五年
『御触書天明集成』岩波書店、一九三六年
『御触書天保集成』岩波書店、一九三七年
『温古録』（学習院大学史料館「阿部家文書」）
『寛政重修諸家譜』続群書類従完成会、一九六四年
小野直方『官府御沙汰略記』文献出版、一九九二年
『御当家令条』（『近世法制史料叢書』二）創文社、一九五九年
『市中取締類集』二十五　人宿取締之部（『大日本近世史料』）東京大学史料編纂所、二〇〇二年
荻生徂徠『政談』岩波文庫、一九八七年
大郷信斎『道聴塗説』（『鼠璞十種』中巻）中央公論社、一九七八年
市岡正一『徳川盛世録』平凡社東洋文庫、二〇〇〇年

『幕末御触書集成』岩波書店、一九八七年
山本政恒『幕末下級武士の記録』時事通信社、一九八七年
『武家厳制録』（『近世法制史料叢書』三）創文社、一九五九年
藤岡屋由蔵『藤岡屋日記』三一書房、一九八七年
大久保忠教『三河物語』（『日本思想大系』二六）岩波書店、一九七四年
財津種爽『むかしむかし物語』（『続日本随筆大成』別巻一）吉川弘文館、一九八一年
石河流宣『大和耕作絵抄』（『日本風俗図絵』第五輯）日本風俗図絵刊行会、一九一四年
水野為長『よしの草子』（『随筆百花苑』八・九巻）中央公論社、一九八〇年

研究文献

朝尾直弘「十八世紀の社会変動と身分的中間層」『日本の近世』一〇　中央公論社、一九九三年
氏家幹人『小石川御家人物語』新人物往来社、一九九三年
氏家幹人『サムライとヤクザ』ちくま新書、二〇〇七年
小川恭一『江戸幕藩大名家事典』下　原書房、一九九二年
小川恭一『江戸の旗本事典』講談社文庫、二〇〇三年
小川恭一『江戸城のトイレ、将軍のおまる』講談社、二〇〇七年
笠谷和比古『主君「押込」の構造』平凡社選書、一九八八年
金田　弘編『雑兵物語索引』桜楓社、一九七二年

木村　礎『下級武士論』塙書房、一九六七年
高木昭作『日本近世国家史の研究』岩波書店、一九九〇年
高塩　博「幕府人足寄場の収容者について―武家奉公人と有宿―」『栃木史学』一三号、二〇〇九年
根岸茂夫『近世武家社会の形成と構造』吉川弘文館、二〇〇〇年
根岸茂夫「学習院大学図書館蔵「諸大名登城之図」について」『学習院大学史料館紀要』一四号、二〇〇七年
野口武彦『幕府歩兵隊』中公新書、二〇〇二年
深井雅海『江戸城』中公新書、二〇〇八年
藤木久志『雑兵たちの戦場』朝日新聞社、一九九五年
保谷　徹他『日本軍事史』吉川弘文館、二〇〇六年
松尾美恵子「大名の殿席と家格」徳川林政史研究所『研究紀要』昭和五十五年度、一九八一年
南　和男『江戸の社会構造』塙書房、一九六九年
吉岡　孝『江戸のバガボンドたち』ぶんか社、二〇〇三年
吉田節子編『江戸歌舞伎法令集成』おうふう、一九八九年

著者紹介

一九五一年、東京都に生まれる
一九七九年、国学院大学大学院文学研究科日本史学専攻博士課程修了
現在、国学院大学文学部教授、博士（歴史学）

主要編著書
新編古文書解読辞典（共編）　近世武家社会の形成と構造　江戸版本解読大字典（監修）　金沢城下町（共著）

歴史文化ライブラリー
282

大名行列を解剖する
江戸の人材派遣

二〇〇九年（平成二十一）十一月一日　第一刷発行
二〇一三年（平成二十五）八月二十日　第三刷発行

著　者　根《ね》岸《ぎし》茂《しげ》夫《お》
発行者　前田求恭
発行所　株式会社　吉川弘文館
東京都文京区本郷七丁目二番八号
郵便番号一一三―〇〇三三
電話〇三―三八一三―九一五一〈代表〉
振替口座〇〇一〇〇―五―二四四
http://www.yoshikawa-k.co.jp/
印刷＝株式会社 平文社
製本＝ナショナル製本協同組合
装幀＝清水良洋

ISBN978-4-642-05682-3

歴史文化ライブラリー

1996.10

刊行のことば

現今の日本および国際社会は、さまざまな面で大変動の時代を迎えておりますが、近づきつつある二十一世紀は人類史の到達点として、物質的な繁栄のみならず文化や自然・社会環境を謳歌できる平和な社会でなければなりません。しかしながら高度成長・技術革新にともなう急激な変貌は「自己本位な刹那主義」の風潮を生みだし、先人が築いてきた歴史や文化に学ぶ余裕もなく、いまだ明るい人類の将来が展望できていないようにも見えます。このような状況を踏まえ、よりよい二十一世紀社会を築くために、人類誕生から現在に至る「人類の遺産・教訓」としてのあらゆる分野の歴史と文化を「歴史文化ライブラリー」として刊行することといたしました。

小社は、安政四年（一八五七）の創業以来、一貫して歴史学を中心とした専門出版社として書籍を刊行しつづけてまいりました。その経験を生かし、学問成果にもとづいた本叢書を刊行し社会的要請に応えて行きたいと考えております。

現代は、マスメディアが発達した高度情報化社会といわれますが、私どもはあくまでも活字を主体とした出版こそ、ものの本質を考える基礎と信じ、本叢書をとおして社会に訴えてまいりたいと思います。これから生まれでる一冊一冊が、それぞれの読者を知的冒険の旅へと誘い、希望に満ちた人類の未来を構築する糧となれば幸いです。

吉川弘文館

歴史文化ライブラリー

近世史

神君家康の誕生 東照宮と権現様――曽根原　理
江戸の政権交代と武家屋敷――岩本　馨
江戸御留守居役 近世の外交官――笠谷和比古
検証 島原天草一揆――大橋幸泰
隠居大名の江戸暮らし 年中行事と食生活――江後迪子
大名行列を解剖する 江戸の人材派遣――根岸茂夫
江戸大名の本家と分家――野口朋隆
赤穂浪士の実像――谷口眞子
〈甲賀忍者〉の実像――藤田和敏
大江戸八百八町と町名主――片倉比佐子
江戸の武家名鑑 武鑑と出版競争――藤實久美子
武士という身分 城下町萩の大名家臣団――森下　徹
次男坊たちの江戸時代 公家社会の〈厄介者〉――松田敬之
宮中のシェフ、鶴をさばく 江戸時代の朝廷と庖丁道――西村慎太郎
江戸時代の孝行者 「孝義録」の世界――菅野則子
近世の百姓世界――白川部達夫
江戸の寺社めぐり 鎌倉・江ノ島・お伊勢さん――原　淳一郎
宿場の日本史 街道に生きる――宇佐美ミサ子
〈身売り〉の日本史 人身売買から年季奉公へ――下重　清
江戸の捨て子たち その肖像――沢山美果子
歴史人口学で読む江戸日本――浜野　潔
京のオランダ人 阿蘭陀宿海老屋の実態――片桐一男
それでも江戸は鎖国だったのか オランダ宿日本橋長崎屋――片桐一男
江戸の文人サロン 知識人と芸術家たち――揖斐　高
葛飾北斎――永田生慈
北斎の謎を解く 生活・芸術・信仰――諏訪春雄
江戸と上方 人・モノ・カネ・情報――林　玲子
江戸店《だな》の明け暮れ――林　玲子
エトロフ島 つくられた国境――菊池勇夫
災害都市江戸と地下室――小沢詠美子
浅間山大噴火――渡辺尚志
アスファルトの下の江戸 住まいと暮らし――寺島孝一
江戸の流行り病 麻疹騒動はなぜ起こったのか――鈴木則子
江戸幕府の日本地図 国絵図・城絵図・日本図――川村博忠
江戸城が消えていく 『江戸名所図会』の到達点――千葉正樹
都市図の系譜と江戸――小澤　弘
江戸の地図屋さん 販売競争の舞台裏――俵　元昭
近世の仏教 華ひらく思想と文化――末木文美士
江戸時代の遊行聖――圭室文雄

歴史文化ライブラリー

幕末民衆文化異聞 真宗門徒の四季――奈倉哲三
江戸の風刺画――南　和男
幕末維新の風刺画――南　和男
ある文人代官の幕末日記 林鶴梁の日常――保田晴男
幕末の世直し 万人の戦争状態――須田　努
幕末の海防戦略 異国船を隔離せよ――上白石　実
黒船来航と音楽――笠原　潔
黒船がやってきた 幕末の情報ネットワーク――岩田みゆき
幕末日本と対外戦争の危機 下関戦争の舞台裏――保谷　徹

民俗学・人類学

歴史と民俗のあいだ 海と都市の視点から――宮田　登
神々の原像 祭祀の小宇宙――新谷尚紀
女人禁制――鈴木正崇
民俗都市の人びと――倉石忠彦
鬼の復権――萩原秀三郎
海の生活誌 半島と島の暮らし――山口　徹
山の民俗誌――湯川洋司
雑穀を旅する――増田昭子
自然を生きる技術 暮らしの民俗自然誌――篠原　徹
川は誰のものか 人と環境の民俗学――菅　豊
番と衆 日本社会の東と西――福田アジオ
記憶すること・記録すること 聞き書き論ノート――香月洋一郎
番茶と日本人――中村羊一郎
踊りの宇宙 日本の民族芸能――三隅治雄
日本の祭りを読み解く――真野俊和
江戸東京歳時記――長沢利明
柳田国男 その生涯と思想――川田　稔
婚姻の民俗 東アジアの視点から――江守五夫
海のモンゴロイド ポリネシア人の祖先をもとめて――片山一道

各冊一七八五円～一九九五円(各5%の税込)
▽残部僅少の書目も掲載してあります。品切の節はご容赦下さい。